Impressum

Autor: © 2022, Helma Gerjets

                          Oldenburger Straße 11

                          26835 Hesel

                          herbertgerjets@ewetel.net

Bildrechte:

Alle Bildrechte dieses Buches liegen

beim Reepsholter Verlag

Satz und Gestaltung

                          Reepsholter Verlag

                          Henning H. Hinrichs

                          Langstraßer Weg 8

                          26 446 Reepsholt

                          reepsholterverlag@web.de

                          1. Auflage, August 2022

Herstellung und   BoD – Books on Demand,
Verlag: Norderstedt

ISBN: 978 375 623 39 39

Dwars döör dat Johr

Helma Gerjets

Inhalt

Waar sünd de Gummibänner?

Angela weer in de Rummelschuuv an´t Wöhlen. Wat se daar all fund! „Waar söchst du denn na?" keem Lutz bi ehr in Köken. „Ik wull en Gummiband bruken. Man bit man hier wat in find!"

Angela wurr de Kopp vergrellt. Se fung an, dat Schuuv ut torümen. Lutz stund bi ehr to schüttkoppen. „Goh du man hen un hol en lütten Karton. Daar kummt denn glieks de Kraam in, de dat nächst Maal mit up Flohmarkt kann." Angela wull de Schuuvlaa nu so recht uprümen. So kunn dat nich wiedergohn.

Nu fung se an to sortieren. „Lutz, du kannst glieks hier blieven un mit anpacken." As eerst förder Angela en Schruventrecker, en Tollstock un noch en Tollstock vör Dag. „Hier is de halv Warkstee al in. En Tollstock holl ik hier. Dat anner un ok disse beid Tangen kannst du glieks hen bringen, waar se hen hört." schick se Lutz ünnerwegs. „Aver weerkamen!"

Angela rüüm wieder. Daar weer de olle sperrige Knoblauchpresse un de olle Iesportionierer. De kemen in de Karton. Ok de

8

Grillhanschen bruuk se nich. Denn leeg daar noch de komische Körkentrecker. Dat weer en Geschenk ween bi de letzte Wienproov. „Wullt du de mooi Körkentrecker ok weg geven? Wat is denn hier mit? De bruukst du nie?" Lutz harr de Eierschnieder funnen. Wat maak de egentlich hier in´t Schuuv. „Mien Eierschnieder bruuk ik faken. De stell ik glieks bi de Eierbekers in´t Schapp. Du wullst to Ostern doch seker weer Eiersalaad eten.To Pellkartuffels schnieden oder bi Poggenstöhl bruuk ik de ok. Un Ostern is bolt!"

Sogaar de Eipick mit Eieruhr keem to´n Vörschien. Ostern weer rett. Hier in Schuuvlaa harr se bestimmt nich söcht. Inkoopsbüdels, Gefrierbüdels, Schleifenband, Naihgaarn, dat geev nix, wat se nich weer fund. De Inkoopsbüdels funnen en neei Tohuus achtern un dat Schleifenband keem bi dat Geschenkpapier in´t Schapp. Angela leep wat hen un her. Toletzt weren blot noch veel Stiften in ehr Rummelschuuv.

Hierför nehm se sik en ollen Zedel, en Plastikdöös un en lütten Inkoopsbüdel. „Wat hest du denn vör?" froog Lutz. „Wi probeert nu jeden Stift ut. De Kugelschrievers, de schrievt un ok de anner Stifte kaamt in de Schaal. Hier is sogaar en Radiergummi."

„Un de annern köönt doch weg?" „Nee, mien Leev! De sammelt wi för dien Sangesschwester Hedwig. Ehr Mann sammelt de. Dat hett he mi maal vertellt. Nachhaltigkeit eben!" Lutz wunner sik. „Wat du all wöötst. De kann ik ehr woll mitnehmen." De Hälften schreven blot noch un de anner Hälft wander in de lütt Büdel.

Nu noch graad de Schuuv utwischen un all de Saken weer inörnen. Blot ehr Gummiringen harr se noch nich funnen. De weer seker in de anner Rummelschuuv. De schull nu ok glieks uprüümt werden. Daar weer dat sülvige Chaos in. Aver so weer de Fröhjohrsputz in de Schuuvladen glieks erledigt. Denn kunn se de Schappen moorn woll noch rein maken. Gung ja schließlich up Ostern.

Aver dat Lutz ehr goden Eierschnieder entsörgen wull, kunn se nich verstohn. In dat anner Rummelschuuv stund en ganzen Döös mit Gummiringen. Se keen sik ja. In en wohlsortierten Huushollen kummt nix weg.

Mädelsavend

Steffi freu sik up van Avend. Ennelk schull weer en Mädelsavend ween. Över en halv Johr harren se sik nich drapen drüfft. Nu weren de Coronalockerungen ja sowiet, dat se mit ehr acht jung, na ja, se weren all so Anfang bit midden veertig, Froolüü tosamen kamen drüffen. Wo de dat woll ergohn weer in disse besünner Tied?

Annika wull ditmaal grillen un jeder schull en Salaad mitbringen. Steffi maak en Salaad un en Dip. Dat wurr al van ehr erwart. To drinken geev dat up sückse Avends immer riekelk un noch mehr to schnötern. Steffi spann ehr Rad an. Dat weer sekerder. Se bruuk ehr Führerschien noch. Överdrieven gung aver nich. Radfohren mit en Zeirass wullen Gendarms ok nich hebben.

De Freud weer groot as de Froolüü upnanner drepen. Se hullen woll all noch anderthalv Meter Afstand. Dat Sehen un dat dropen weer dat wichtigst. De een weer al richtig bruun brennt van de mooi Sünn un de anner harr sik en nejen Putz verpassen laten. Över Corona kunn jeden ehr Leed klagen. Kinner in Homeschooling weer so en Thema. Bi de en harr dat klappt, bi de anner nich. „Wi mussen beid arbeiten. Uns Kinner wurden van Oma un Opa betreut. De bruuk ik mit Computer nich kamen!" vertell Nicole.

„Mien Mann hett immer van Huus ut arbeit, Kinner mussen up Tied ruut un ehr Upgaven maken. He kontrolleer dat. Denn kunnen se ruut." Hanna harr ehr Babysitter in Huus hat. De bruunbrennt Cathrin vertell: „Ik bün noch nie soveel in Busch ünnerwegs ween. Ik muss mien dree ja beschäftigen. Tilda is woll eerst in März geboren. Max un Vincent kunnen nich in Kinnergaarn un de Speelplätze weren denn noch sperrt. Ik hebb woll maal en Ball mitnohmen oder en Springseil, so dat se sik denn uttoven kunnen. De fullt de Deck up Kopp."

De Froolüü harren sik all verscheden beschäftigt. Enigen mussen arbeiten, annern weren anfangen to görnern. So ünnerschedelk se weren, so ünnerschedelk weren ehr Beleevnissen. Enig weren se sik aver, dat dat dragen van de Masken doch lastig weer.

Steffi bericht, dat se sik mit ehr Pien bi en Knakendoktor vörstellt harr. „En nejen Hüft bruuk ik de nächst teihn Johr noch nich. Wat weer ik blied! Blot mien Pien? Wat harr se daar so nebenbi seggt? Ik hebb Athrose in Anfangsstadium." Nu wurr blot noch lästert. Steffi weer ja ok de Öllste. Düürt nich mehr lang un du kummst statt mit Rad mit AOK-Shopper un sückse Sprüche muss se sik anhören.

Do fullt de annern in, dat se ok so lütt Zipperlein harren. De en klaag över hogen Blooddruck, de anner schnack van Orangenhuut un Hexenhaaren. Weer anners en greep sik in't Krüüz, as se upstund. „Jo, ik wull dat ja nich naseggen.. Man ik hebb en liechten Bandschiebenvörfall." beicht Elli. „Wi hebbt renoveert. Heinz weer ok ja in Huus un de Tied kunnen wi nutzen. Ik hebb mi överböörd. Nu mööt ik mi vörsehn."

„Oh, wat hebbt sik de Tieden ännert! Fröher schnacken wi över uns Mannlüü, denn över uns Kinner, wat de all so regeeren. Ehr eerst Tehnen, ehr eerst Treden oder ehr Kinnerkrankheiten oder ehr Undöög. Man

13

waar sünd wi nu land. Wi schnackt över Krankheiten! Uns egen Krankheiten! Minsch Lüü! So old sünd wi doch noch nich! Ik freu mi jedesmaal up en spaaßigen Avend mit jo un de verdrifft jeder Pien. Laat uns Spaaß hebben. Tegen Lachfalten hebb ik nix!"

Annika prost mit all düchtig un de Avend wurr all pläseelker.

Steffi weer froh in Huus un bruuk moorns doch en kollen Dusch un en starken Koffie. De Mädelsavend harren se ümdöfft in Weiberavend. Dat pass in ehr Öller beter.

La dolce vita

Angela seet mit ehr Fründinnen Karin, Silke, Claudia un Tina binanner. De ehemalig Klassenkameradinnen harren sik lang nich drapen. Nu geev dat veel to vertellen. Weer soveel passeerd!

„Tina, wo geiht di dat mit dien lütt Puppke? De is aver ok ja al bolt weer groot!" froog Silke. „Jo, uns lüttje Martje is al en halv Johr wurden. De Tied vergeiht so fix."

„Jo, uns Christopher is al weer en halv Johr in d´ School. He is daar so blied. Laat uns man eben fiev Johr wieder ween, denn reed he ok anners."

Angela luur sik dat af. „Wenn ik dat so hör, kaam ik mi vör as so en Oma. Mien Laura maakt dit Johr ehr Abitur. Wat hett sik uns Leven doch verscheden entwickelt. Wi sünd doch all gliek old. Du hest noch en Baby, un theoretisch kunn ik al Oma werden. Daar will ik aver nich an denken!" lach se.

Claudia weer wat praktischer veranlagt. „Hebbt ji al wat in Tuun maakt?" Eenstimmig kreeg se en „Nee!" tomööt. „Dat is noch so kolt. Van Moorns weer dat sogaar all witt froren. Wenn du wat plantst, musst du ja al gliek Hostenbons mitgeven." Angela weer daar nich so begeistert. Lutz narr ehr immer, dat se en Rundholzallergie harr. Tuuntjen muss ween, wurr aver bestimmt nich ehr groot Hobby.

„Ik luur noch up Anke. De hett up Wekenmarkt immer so mooi Blömen. Daar kriggst ok immer wat besünners. Se is aver noch nich daar." vertell Silke. „Jo, ik goh ok gern up Markt. Daar gifft immer all frisch. Egaal wat: Fleesch, Fisch, Gemüüs oder Kääs." meen Karin.

„Daar mööt ik jo wat to vertellen." De jung Froolüü weren van Tee un Kook to Wien un Sekt övergohn. Angela seet nu weer gemütelk bi ehr. „Ik weer vör en tiedlang mit mien Kolleeg Stephan up en Schulung in Oldenburg. Do kregen wi dat in Kopp noch eben in de Grootmarkt rin to gohn. Koffie un so wurd bi uns veel bruukt. Wi hebbt graad uns

Waren binanner söcht un denn na de Kass. Man well weer daar?

Mit en groten Wogen vull Feta, Oliven, Olivenöl un Grappa wull Riccardo jüst betohlen. Un de Wagens sünd groot! Düppelt so groot as bi Lidl oder Aldi! „Richard, maakst du ok weer en Großeinkauf?" wurr he ansproken. Ik dach, ik hör nich richtig. Richard? Un wat maak de? He antwoord up dat mooiste platt! Ik weer noch nie so enttäuscht. Mien Riccardo, de Italiener, schnack platt? Un waarüm se de Richard an hüm?

Do hebb ik Stephan anschüünt, he schull maal up de Utwies kieken, wo he heten de. Wat meent ji, wo de heet? De heet Franzen, Richard Franzen! He hett mi nich sehn. Ik hebb mi achter Stephans breed Schullers verkropen. So en Blender! Uns maakt he wat vör, van wegen bella mia un dolce vita! Un vertellt uns wat van sien Unkel, de de Grappa sülvst brennt un ganz wat upsünners is. De sien Brenneree steiht in Oldenburg un eerst de besünners Olivenöl! De arnt sien Bröör in sien Olivenhain. De Olivenbööm wasst ok in

Oldenburg. Bi de koop ik nich mehr!" Angela harr sik recht in Rage reed.

En bi de anner van de Froolüü wuss nich, wat se seggen schull. Se föhlen sik all bedragen. Jede harr sik daar gern wat wegholt. Ofwoll de Pries ok ja solten weren. „Wööt ji wat, bi uns nächst Drapen is Grilltied. Willt wi uns bit daarhen wat infallen laten mit Feta, Oliven un Co? Ik kann woll en Brood mit dröögt Tomaten un Oliven backen. Bruukt wi Riccardo? Bestimmt nich!" Angela plaan dat nächst Drapen al weer.

„Jo, denn kaamt ji bi mi." laad Tina in. Denn bruuk ik nümms bi d´ Kinner. Mien Mann kann grillen un bi Regen köönt wi ünner Dack." Flink weer de lütt Gruppe sik enig. So geneten se de Avend wieder. Man immer weer keem de Naam Richard Franzen. En meen sogaar, dat man hüm anzeigen schull. Blot mit Nichtachtung strafen de veel mehr sehr. Schull he doch sien Künstlernaam bruken.

Se drüffen dat wieder vertellen. Dat düür bestimmt nich lang un dat weer döör dat ganz Dörp. Denn schull he dat woll marken.

La dolce vita (Deel II)

Silke un Timo weren up de Hochtied van Timos Kolleeg Andreas inladen. Endlich maal weer fieren. Se freuen sik beid düchtig daar up. Kennen se doch ok en Deel van de anner Gasten. Se weren sik seker, dat de Bosselvereen vertreden weer. Dat kunn en pläseelken Avend werden.

Lydia weer en mojen Bruut un Andreas en staatschen Bröögam. Na dat Graleeren wurden se mit ehr Sektglas in Hand an Disch beden. Hier seten de Arbeitskollegen binanner. Nu kunnen se kieken, wat daar anners so reed un scheet. So langsaam füll sik de Saal.

Man well keem daar rin? Un de wurr ok noch richtig van Harten begrött van dat Bruutpaar. Richard Franzen! Wat maak de up disse Hochtied? Silkes Luun weer verdürven. Schull se de Keerl nu ut d´ Weg gohn? He harr aver ja en Froo bi sik.

Dat geev en lecker Hochtiedsmahl, denn folg de schwungvull Ehrendanz. Dat maak Spaaß to tokieken. Denn weren all upfördert, dat

Danzbeen to schwingen. Silke un Timo weren flink up d´ Saal. Bewegung de good na dat good Eten. So langsaam misch sik dat Volk. Dat gung an de Theke un denn wurr wieder danzt. Irgendwenner drepen se an de Theke up Richard Franzen. Dat leet sik nich vermeiden. He sprook Silke an. „Wi keent uns ok doch?" „Jo!" Wat wull de? Wull he ehr anbaggern? „Anners keemst du doch immer up d´ Markt bi mi." „Jo, ik laat mi aver nich gern för dumm verkopen, Richard Franzen!" see Silke an hüm.

„Waarher wöötst du?" stotter he. „Lügen haben kurze Beine!" antwoord Silke van boven heraf. „Ik hebb nich logen. Ik wurr al immer Ricki ropen. Dat ik so en südländisch Utsehn hebb, verdank ik mien Öllern. Riccardo is egentlik blot mien Locknaam up Markt. Ik muss mi wat infallen laten.

Dat weer so: Ik hebb maal Koopmann lehrt, blot do hett de Loden, so as veel, dicht maakt. Mien Kinner un mien Froo wullen aver wat to bieten hebben. Do menen mien Frünnen, waarüm ik nich mit en Stand up Markt gung. Reden kunn ik ja un ut Jux legg ik ok woll maal de italienisch Dialekt up. Ja un denn noch Oliven, Feta, Salat un denn pass dat doch. Du machst dat woll nich glöven! Ik harr en Marktlücke funnen. Alleen de Grappa wurd so faken nafraagt."

Silke wunner sik all mehr. He harr dat ja nich liecht hat. „Aver de Lüü vertellen, dat dien Unkel de Grappa brennt un dien Bröör en Olivenhain hett, dat passt nicht. Du kannst de Grappa ja utschenken, aver nich seggen, waar de herkummt. Denn hest du ok nich logen."

Nu so langsaam keem Timo an. He wull ehr nasöken. För allen Dingen wull he nich blot an Disch sitten. He wull danzen. „Mien Froo kickt ok al ganz düll. De will ik ok man eerst to danzen holen." meen Ricki. So dreihen se sik weer na de angenehm Danzmusik. Dat düür nich lang un weer weer en Danzpaus anseggt.

„So, nu will ik jo mien Froo Katie eerst eben vörstellen. Laat uns mitnanner noch wat drinken!" So gungen se weer an de Bar. Schull he en schlecht Geweten hebben? De veer verbrogen en pläseelken Avend mitnanner. Tüschenin weren daar noch de anner Gasten un besünners dat Bruutpoor, waar se mit

21

prosten. Dat wurr en langen Nacht. De Luun steeg all mehr un de Alkoholpegel ok.

Up de nächst Wekenmarkt wunk Ricki ehr al van wieden to. Se wull aver eerst ehr Fisch, Gemüüs, Eier un ok Brood kopen. „Moin, Ricki! Hebbt ji de Hochtied weer ut Kopp?" „Jo,weer en mooi Fest, man en van de letzt Schlucken mööt woll schlecht ween hebben." So nebenbi bedeen he noch en Kundin un schnack düchtig mit ehr un dat ohn sien Slang! Silke wunner sik.

„Du wunnerst di? Ik hebb noch lang över uns Gespräch nadacht. Ik bruuk woll een, de mi de Kopp torecht seet. Ja un Katie geev di ok noch in Allem recht. Anners seggt ji Frolüü ja ok immer, wi schöölt na jo luren. Hier, ik hebb hier noch wat för di. Du hest doch seggt, dat du de Fetacreme so gern machst. Du hest mi up dat recht Padd wiesen. Ik will danke seggen. Un disse Buddel Grappa nehmst du Timo mit. De Lüü schnackt veel mehr mit mi up platt."

Silke wuss nich, wat ehr passeerd weer. Avends geev se Timo de Buddel. De meen: „Kiek, man mööt immer ok de anner Siet van de Medaille kennen. Un disse Buddel Grappa drinkt ji Frolüü bi jo Grillen. Dat is ja token Week al. Denn klärst du de Frolüü up över Richard Franzen. Dat büst du hüm schüllig."

Timo harr sik utboden, Silke in´t Auto to fohren. Se weer ja doch bepackt mit ehr beid Sorten Fetacreme un de Buddel Grappa. Butendem much he nich gern, dat se bi düster Nacht alleen mit Rad ünnerwegs weer. He stund ok as Taxi för de Rücktour to Verfügung.

De Frolüü weren gliek an´t Schnötern. De Grill damp al. Dat schull en pläseelken Avend werden. Tina un ehr Mann harren lecker Fleesch besörgt un ok an Gemüüs dacht. Dat geev en groten Utwohl. Denn noch all de verscheden Salaten, de se mitbroocht harren: Spaghettisalaad mit Ruccola, wat ganz besünners, denn en griechischen Salaad, Riessalaad un ganz wichtig weer Tuffelsalaad. Jeder harr sik wat infallen laten. Un to dat Brood van Angela de Fetacreme.

Se leten sik dat good schmecken. Denn schull dat för all en Verdelerschluck geven. „Jo, Tina, hest du Grappaglöös? Anners doot dat ok lütt Schluckglöös." De Runn keek ehr verwunnert an. „Jo, ik hebb uns en Buddel Grappa

23

mitbrocht. Wenn wi all wat in uns Glöös hebbt, wull ik woll wat vertellen." „Oh, kriggst du en Pupp?" Nu wurden de annern upgeregt. „Denn dröffst du aver kien Alkohol!" „Nee!" Silke schunk en Runn in.

„So, nu luurt good to: Waar disse Buddel her kummt, dat raad ji nich!" „Waar schall de al her ween! Ut en Koophuus natürlich! Sülvst brennen deist du ja nich." meen Angela. „Ut Koophuus kummt de Buddel blot indirekt. Disse Buddel is en Geschenk van Riccardo!" Nu kunn se bi all ehr Fründinnen ganz veel Fraagtekens sehen. „Wi wullen daar doch nich mehr kopen!" greep Karin ehr an. „Waarüm hest du di daar nich an hollen?" Claudia mecker ehr ok noch an.

„Dat löppt nich immer so, as man dat plaant. Wi hebbt Ricki un Katie bi Timos Kolleeg up Hochtied drapen." „Oh, Ricki un Katie! Sowiet is dat al!" höhn Claudia. „Jo, sowiet is dat al, un wi hebbt mooi mitnanner fiert. Ricki bruukt de Naam blot up Markt, üm Kundinnen to locken. He hett mi sien Geschicht vertellt, un he hett dat nich liecht hat.Wenn ji man eben toluren, denn harren ji jo nich so upregen bruukt. Wööt ji, wat Timo an mi seggt hett? Man mööt immer beid Sieden hören, bivör man well verurdeelt! Un he hett so recht!"

Nu weren de Frolüü doch neeisgierig. Silke schunk noch en Runn in, see nochmaal Prost un fung an to vertellen. De Frolüü wurden all ruhiger. „Wi mööt token Week hen un uns entschülligen. Man good, dat ik dat noch nüms vertellt hebb." Tina freu sik. De annern pflichten ehr bi. Nüms harr dat bitlang vertellt. Harr sik nich ergeben.

De Grappabuddel weer noch nich los. Dat geev noch en Runn. De Frolüü wurden all lüstiger. „Ik hebb noch Grappa in mien Barfach. De is nu dran. Wi willt up Riccardo drinken!" Tina mööt noch mehr Grappa hat hebben as en Buddel un weer blied, dat dat endlich maal drunken wurr.

Timo hett lang luren musst, bit he sien Silke afholen kunn. Anke wull denn noch mitfohren. Blot de anner Moorn weer en stur Upstohn. Weer aver ja Saterdag. Waarüm harr se de olle Grappa blot all in Unkünn drunken, froog Silke sik. Se weer aver stolt up sik, dat se de Roop van Ricki weer herstellt harr.

En upregend Nacht

Louise leeg in ehr rosa Himmelbett un drööm, dat se Ball speel. Ehr nejen roden Ball mit bunt Punkten leet se immer weer vör sik up springen. Dat maak Spaaß. Blot wat weer dat för en Geräusch? Dat kraak un knister un knarr un rumms. Se leeg in Bedd. Harr se dat ok dröömt? Dat klung so mal. Se kreeg dat mit de Angst to doon. „Waar is mien Pupp, mien Hilde?" froog se sik. Daar: wedder denn Schandaal. Do wuss se, dat is buten. Mit Hilde ünnert Arm sprung se ut Bedd. „Mama, Papa, buten is dat so luut. Ik kann nich slapen." stunn Louise bi ehr Öllern vör `t Bedd. De harren nix hört. Do kraak un rumms dat weer.

„Ik kiek to, wat daar los is!" Mit en Satz stunn ehr Papa ok vör sien Bedd. „Du bliffst hier, kruup man bi Mama in!" Do hören se hüm ropen: „Och, du leeve Tied! Hier up Eck is richtig wat los, un wi verslaapt dat. Daar is en Auto in Schloot fohren. Gendarms stoht daar mit Blaulucht bi un regelt denn Verkehr. Ja, Louise un denn Krach, de du hört hest, dat is de Afschleepwogen."

Nu hullt Louise nix mehr in Bedd. Dat wull se seen. Papa leet ehr ok. Weer jo kien Krankenwagen to seen, un se stöör vör `t Fenster ok nümms.

Eerst versööch de Afschleepwogen dat Auto so siedels up Kant to luken. Dat gung aver nich. Denn hett he de immer en lütt Stück wieder rüm loken. Dat maak denn Schandaal.

Dat düür en gaanz Sett bit dat Auto so stunn, dat denn Afschleepwogen daarvör stunn. He weer immer wedder en Stück vör fohren un denn wedder torügg. So richtig ut Schloot ruut ruckelt harr he dat Auto. Man, wat weer dat spannend. Nu kunnen se ok seen, wo kaputt dat up anner Siet weer. De ganz Spegel weer ümknickt un dat en Rad verstook sük ünner´t Auto.

De Fohrer harr schienbaar düchtig Glück hat. He leep daar wat rüm. Hüm weer woll nix passeerd. Sien Schutzengel harr good uppasst.

Nu muß dat Unfallfohrtüüg noch up denn Afschleepwogen rupp. Dat weer aver man so eben, denn harr de Mann van de Afschleepfirmo dat boben up sien Fohrtüüg. He harr dat Unfallauto inhaakt un denn stückwies hoch loken. Nu muß dat noch good fast tüddert un verkielt werden. Dat sull ünnerwegens ja nich verloren gohn.

De ganze Tied fotografeeren de Gendarms dat Auto van al Sieden. So köönt se nahst bewiesen, wo dat Auto an Unfallstee utsehn hett.

De Stroot weer schidderk wurden! De wurr aver glieks affegt. Ok allens wat daar noch so rüm leeg an de Unglücksstee: dat affallen Nummernschild, de Radkappen un ok de platt fohren Leitpohlen wurden uprüümt. Blot den Zaun van Louise ehr Fründ Mike bleev köört. „Papa, well maakt denn Zaun denn nu wedder heel?" froog de Lütt glieks. „Dat wööt ik ok nich so genau, viellicht Mikes Papa."

Denn Afschleepwogen weer al lang mit dat kaputt Auto un ok denn Unfallfohrer wegfohren. Gendarms weren ok weg. De Verkehr bruuk nich mehr an de Unfallstee vörbi leit werden. All weer wedder normaal.

Daar weer blot noch en kaputten Zaun un upwöhlten Grund an de Unfallstee överbleven.

Louise sull nu ok wedder in ehr Himmelbett. Bi ehr weer de Slaap d` aver her. Dat weer ja so upregend ween. Daarüm drüff se utnohmswies tüschen Mama un Papa in Bedd. Aver ehr lütten Mund stund lang nich still. Hilde, ehr Pupp muß dat ok doch allens genau wöten.

Fensterlurers

Marlene un Uwe seten gemütlich mit en Glass Roodwien un sülfstmaakten Pizza to eten. Se weren de ganz Dag flietig in Tuun ween un harren de föhrjohrsfein maakt. De beiden harren al Moos utharkt. Se weren bi de Beete lang ween to Unkruut weden. Dat wuss sogaar över d´Winter. De heet Duusch harr ehr richtig good doon, un se freuen sik nu up en gemütelken Avend. Denn maak dat ok nix, dat dat all wat later wurden weer.

Tomaal ticker dat an dat Fenster. Marlene un Uwe verfehren sik düchtig. Well stöör nu denn noch? Wat weer daar vör´t Fenster? Se kunnen ok nix un nümms sehen. Daar! Weer! Nu stund Uwe up un keek. He maak dat Lucht up de Terrass an un fung an to lachen: „Nu kiek di dat maal an, well daar ankloppt!" He lach immer noch. Marlene keek.

Dat weer Erich! He wull woll Bescheed seggen, dat se ehr vergeten harren. „Erich! Wat maakst du denn hier? Du musst doch bi dien Frolüü blieven." So harr se sik hüm al grepen. Nu aver eerst hen un Erich rin setten.

„Kiek maal, daar sitt de ganze Sellskupp upplustert ünner de Fledderstruuk." Uwe harr al mit dat groot Taschenlucht lücht un dreef ehr rin. En na de anner trippeln de Damen in ehr Tohuus.

Marlene füll de Futtertrog un tell de Höhnermorsen. „Se sünd vullstännig! Wat sünd ji egentlich för dumm Höhner? Wat denkt ji denn, wenn ji token Nacht buten bleven weren. Eenzigst de en beten Künn hett, is Erich! Dat is doch nachts noch veelst to kolt. Un denn strickt hier ok immer de Voss rüm. Meent ji dat de vör jo Halt maakt harr?" Marlene reg sik so richtig up. Se weer düll.

„Kumm rünner! Wi laat Lucht noch eben an un denn leggt ji en Ei extra! Hebbt ji dat hört?" wend Uwe sik aver ok noch an ehr Deerten. „So un nu will ik in Ruh wieder eten. Ik hebb Schmacht!" Se kunnen ehr Pizza so wieder eten. De weer in Backoven mooi warm bleven. De weer doch lecker.

Marlene rüüm de Tellers weg. Uwe gung de Luchten utmaken. Denn wullen se noch in Ruh ehr Wien drinken un up Tied in´t Bedd. Nichmaal in Stuuv schull dat mehr gohn. De

Musikshow kunnen se ok hier in d´ Eetstuuv kieken. Dat groot Deckenlucht maak se ut, daarför stook se en Keers an. Recht gemütelk weer dat. Denn noch de mooi Musik un de Roodwien.

„Kiek maal, de Tüdies hebbt doch woll en schlecht Geweten. Ik hebb sogaar noch Eier kregen." keem Uwe versöhnt ut de Höhnerstall. Uwe un Marlene schlubbern noch de Rest Wien ut de Buddel un denn weer Beddgohnstied. De Dag weer anstrengend ween.

Auf anderen Wegen

„Wat bün ik mööi un kaputt. Mien Fööt doot mi so sehr!" „Du düst ok ja mennig Togg hen un her pusselt." Lisa un Rolf seten avends binanner. Beid harren ehr Benen hoch leggt.

„Ik harr immer noch wat vergeten. Un wenn ik nu nadenk, fallt mi immer noch wat in. Dat Handykabel, Kulturbüdels, so´n beten Leckerlis. Du hest seker ok noch wat. Ik hebb daar al en Köörv stohn, waar allens rinkummt." „Jo, ik wunner mi, wat all so in en Wohnmobil rinpasst. Wenn dat uns egens weer, bruuk de nich immer in un utpackt werden."

Rolf liebäugel al lang mit so en Fohrtüüg. Lisa wull dat lever eerst maal utprobeeren. Nu weren se up en Campingmesse ween. Rolf un Lisa gefullen de woll. Daar drepen se up Lisas Kolleeg Simon un sien Froo. Se interesseeren sik för en grötter Fohrtüüg. Bi ehr schull bolt Nawass kamen. Daarüm verzichten se upstünds up Campingtouren.

„Wullen ji jo ok en Wohnmobil toleggen?" wull Simon wöten. „Nee! Lisa meent, se mööt dat eerst utprobeeren. Maal kieken." Neeisgierig keken se wieder. In Huus ankamen, weren se vull van all de Indrücke.

Nächst Dag up Arbeit keem Simon bi ehr an: „Na, hebbt ji jo en Wohnmobil köfft?" „Nee, so flink scheet de Preußen nich. So en Utgaav will överleggt werden. Un ehrlk, ik bün noch nich seker, wat ik will. Daar musst lang mit ünnerwegs, bit du dien Urlaub verdeent hest. Simon, ik wööt nich, of ik mi to campen egen do."

„Ik wull jo en Vörschlag maken: uns Wohnmobil steiht dit Johr blot rüm. De dee dat ok seker good, wenn he maal weer ünnerwegs keem. Daarüm wull ik jo de för en Proofurlaub to Verfügung stellen." Lisa kunn´t nich glöven. „Dat wullt du würgelk? Un wenn wi daar Malöör mit hebbt?" weer ehr gröttste Sörg.

„Daar maak ik mi kien Gedanken üm. Rolf is dat wehnt, dat he en grötter Fohrtüüg fohrt. Denn hett he noch de Sörg üm jo Gesundheit." beruhig Simon ehr. Lisa wull sik dat överleggen. „Dat mööt ik mit Rolf beschnacken. Wi geevt di Bescheed." Aver so en lütten Floh danz al bi ehr in´t Ohr. De

34

Gedanken leet ehr de ganz Dag nich los. Maal kieken, wat Rolf meen.

„Un dat hest du nich gliek toseggt? Dat is doch ideaal. Denn köönt wi dat utprobeeren." „De is aver doch so groot! Troust du di, de to fohren?" „Och, Mussi! Du maakst di unnödig Sörgen. Fraag hüm moorn man, wenner wi de kriegen köönt. Denn nehmt wi Urlaub un fohrt weg! Schallst sehn, dat wurd mooi!"

Twee Daag later harr Lisa Simon dat toseggt. Se wullen herkamen un sik dat Wohnmobil ankieken. Well wööt, wo dat utseeg. An´t Wekenenn harren se denn en Drapen mit Martina un Simon verafreed. So langsaam weer sogaar Lisa upgeregt, as se Simon sien Schmuckstück bekeken. Wat en mooi Fohrtüüg! Wat weer dat groot, woveel Bott daar in weer. Un de weer so pflegt. De seeg ut, as wenn de neei ut Laden keem. Se leten sik allens wiesen. Sogaar en lütten Prooffohrt maak Simon mit ehr. Daar geev dat kien Överleggen!

Moorn wullen se ehr Urlaubsandrääg stellen. Un nu, nu stund dat Wohnmobil bi ehr achter´t Huus. Sogaar ehr Rööd harren ehr egen

35

Ünnerstellplatz. Nu wullen se noch en Nacht in ehr egen Betten schlopen un denn schull dat Betttüüg in dat Wohnmobil ümtrecken un de Saken ut Köhlkasten as Marmelaad, Kääs, Wurst un ganz wichtig Botter. Eier drüff se nich vergeten. Tomaten un Salaad weren daar ok noch. Lisa weer immer noch in d´ Suus.

„Wenn du nu en Kann mit Tee un Koffie klaar hest för ünnerwegs un duscht büst, köönt wi starten." mohn Rolf. „Wi willt ja ok an uns Ziel bi Daag ankamen." Ehr eerst Tour schull Richtung Holland gohn un denn maal kieken. Simon harr ehr all Papieren in en Breeftasch mitgeven.

Endlich seten de beiden in ehr Fohrtüüg un endlich kunn de Urlaub anfangen.Bi mooist Weer fohren se de Sünn tomööt. Ehr eersten Upenthalt maken se in en mooi lütt Dörp in Holland. Mit en Glass Wien begoten se eersten Campingtour nadem se ehr Fohrtüüg inparkt harren.

„Willt wi uns eerst maal ümkieken, waar wi hier land sünd oder hest du al Hunger?" wull Lisa wöten. „Nee, laat uns man eerst en Gang maken. Wi köönt de Grill ok ja nich alleen laten solang as de gleuht." So maken se sik up de Socken üm to kieken, wat dat hier so geev. Se weren begeistert van de nüdelk Ladens. In en geev dat Fisch, in de anner Kääs aver ok so mooi Geschenken.

„Ik kunn överall rin to schnüstern. Wat is dat hier mooi!" Lisa weer so begeistert. „Ik spendeer en Ies un denn loopt wi so langsaam torügg. Oder wullst du Fisch mithebben to grillen?" Se eningen sik up Fisch un noch en beten ut de Köhltheke. Dat seeg so lecker ut. Nu aver graad na ehr Grill hen. Dat wurr en leckern gemütelken Avend.

Anner Dag fohren de beid wieder. Se föhlen sik so recht freei. Nu wullen se kieken, wo wiet se kemen. Denn wullen se sik en neei Haltestee söken. So fohren se teihn Daag van Dörp to Dörp. Van Düütschland över Holland na Belgien bit na Frankriech.

In Frankriech weer dat besünners mooi un dat schull Lisa woll nie weer vergeten. Se stunnen up en besünners mojen Stellplatz. Na dat Avendeten un Uprümen weer Rolf all wat nervös. He keem ok nich mit ehr normalen Wien ruut. Nee! He broch en Buddel Sekt mit.

Waar he de verstoken harr, verraad he nich. He leet de Körk knallen un schunk in. Lisa wuss nich wat los weer. Denn stunn de groot Keerl vör ehr un wuss nich, wat he woll seggen wull.

Rolf drucks wat rüm. „Lisa, wi sünd doch al so lang binanner un hebbt uns so leev. Wat meenst du, kannst du di vörstellen, dat du mien Froo wurrst?" Lisa lepen Tranen över d´ Wangen. Daar harr se nu gar nich mit rekent un denn hier in Frankriech. Lisa bruuk nich överleggen. Se freu sik so över de Andragg! Nu weer se Bruut. Dat muss se eerst sacken laten.

Up Padd na Huus weren de beiden sik enig. Dat weer nich de letzt Wohnwagentour. Aver föhr en neei Wohnmobil fehl dat Geld. Se mussen kieken, wat sik ergeev. Simon un Martina freuen sik, as se ehr Wohnmobil frischputzt un vulltankt torügg kregen. Lisa un Rolf weren to neei Campers wurden.

„Wi wullen jo en Angebot maken." empfung Simon ehr. „Wenn uns Nawass eerst daar is, köönt wi sowieso eerst länger nich ünnerwegs. Wat meent ji, passt dat Auto to jo?" „Oha, nu fraagst du uns wat. Drööft wi uns dat överleggen? Wat wullen ji daar överhoopt för hebben?" wull Rolf wöten. De Pries, de se uprepen, klung vernünftig. Aver soveel Geld ut togeven wull överleggt werden.

En goden Week later un na en Blick up ehr Bankkonto weren se sik enig. Dat Wohnmobil schull eerns werden. Weer seten de veer binanner. Ditmaal allerdings bi Rolf un Lisa. Simon harr sien Wohnmobil na sien neei Tohuus stüürt. Rolf bruuk blot noch betohlen, denn weren se Besitters van en Wohnmobil un kunnen wegfohren as se wullen. Daar freuen se sik düchtig up.

Lievkniepen

Edzard leep mit Leidensmien döör de Gegend. He stöhn un puust. „Opa, wat hest du? Büst du krank? Hest du aua?" Sien Opaseger, de lütt Nils stapp de ganze Tied achter hüm an.

„Kaamt man eben rin. Ik hebb en frischen Kümmeltee maakt. De schall di woll helpen." reep Hilde. „Ik mach de aver doch nich." Nu nörgel Edzard daar ok noch över rüm. „Wöötst du, wat mien Oma immer see? „Was bitter ist im Munde, ist innerlich gesunde." Drink du man oder du geihst nahst na d´ Doktor. De kann di helpen." droh se ehr Ehegespons. „So en Gejauel un Gejösel kiek ik mi nich lang mit an. Du hest dat aver ok sülvst schuld. Wat ettst du ok soveel hartkookt Eier!"

Edzard truck de Kopp in un drunk de heet Tee. Nils kreeg sien Hagebuttentee mit Hönig. De schmuck hüm. „Opa, mien Tee is so lecker. Drink man, denn hest du kien Aua mehr!" Mit verachtenswerten Utdruck keek Edzard de Teebeker an. „Nu geev mi man eerst en Aquavit. De mag mien Maag woll uprümen un de schmeckt wenigstens!"

Hilde wurr nu düll. „Seeg man to dat du ruut kummst un marschier dat Tuunpadd up un daal. Hier binnen kannst bi di nich düren. Van wegen up en Vörmiddag Aquavit!" schüddelkoppend schmeet de resolut Hilde hüm ruut. Aver all de Eier geven ehr Dünste ok al af. „Nils, tööv man eben. Ik hebb noch wat." Hilde kraam in ehr Schapp mit Backtodaten. „Hier sünd noch Plumen. De musst du mit Opa delen. Twee för Opa un en för di. Daar geiht Opas Aua van weg!" So altoveel wull se Nils nich daarvan tomoden.

Se wuss, dat dat nich mehr lang düren würr, un Edzard seet up Klo. Wo füünsk schull he denn ween? Un Nils harr sik to Middag ok noch Spinaat un Spiegelei wünscht. Hilde harr sik aver överleggt, dat se Fischstäbchen maak. Se wull dat nich överdrieven. Good af kunn se dat nich, wo Edzard lieden muss.

He seet al up Klo to stöhnen un pusten un schellen. Dat werd aver all. „Mi geiht dat so schofel! Ik goh gliek in Bedd." „Opa, wi willt doch buten spelen. Dat hest du mi versproken!" Sien lütten Enkel kunn he nix afschlaan. Se gungen eerst weer ruut. So harren beid Bewegung.

Dat düür aver nich lang, do reep de Oma: „Eten is klaar. Kaamt ji?" „Oma, hest du Spinaat kookt?" Do dreih Edzard sik üm un röön ruut. „Bliev man hier. Gifft Fisch daarto." Edzard keek ehr an, as wenn se en Geist weer. He harr woll an ehr Verstand twiefelt, hüm nu ok noch Spiegeleier vör to setten. De Apetit weer aver nich to groot. Daarför de van Nils ümso grötter. He leet sik dat good schmecken.

„Wat is denn mit Papa los?" weer de eerste Fraag van Maren, as se ehr lütten Jung afholen wull. „De hett al de ganz Dag Lievkniepen. He hett toveel Ostereier eten: Soleier, bunt Eier un Eier in Senfsooß un up Brood muss he ok noch van de hartkookt Eier hebben." „Hest hüm al dröög Plumen geven?" „Jo, un hüm de ganz Tied ruut scheucht mit Nils. He schull sik bewegen, dat de Darm in´t röhren keem." vertell Hilde.

Tomaal keem Edzard anrönnen. „Ut Padd, ut Padd! Ik mööt, ik mööt!" Do hören se en richtigen Knall!" „Is Opa explodiert?" wull Nils wöten. „Nee, dat glööv ik nich. De hett seker en pupsen musst." „So luut?" „Jo, dat weren all de Eier!" wurr Nils upklärt.

Kriedewitt keem Edzard van dat sogenannte stille Örtchen. „Dat hett mi de ganze Dag quält! Nu mööt ik mi eerst verholen. Eier eet ik eerst nich weer!"

Hiltrud in d´ Suus

„ Wat is denn hier los?" Günther keem van buten rin un wunner sik. All Fensters stunnen in Hängen open. Kien Stück Möbel stund mehr recht up Stee. „Dat süttst du doch. Ik bün an schummeln." Sien Hiltrud stunn in Schloopkamer to Betten aftrecken un in Fensters leggen to lüften.

„Hier sucht dat as in en Apenstall. Denn gifft dat ok kien Tee un ok kien Middag?" He maak sik Sörgen üm sien Mohltieden. „Maak man Tee!" Hiltrud suus mit ehr Beddwasch ünner d´ Arm na d´ Waschmaschin. Mit Staubsauger keem se weer un wull de Matratzen begohn. Flink all afwischen, frisch Beddtüügg uptrecken un Fensters putzen. De eerst Ruum weer al halv klaar.

Nu keem bi´t Tee drinken de Pott up´t Füür. Bohnensopp schull dat geven. De kook van alleen. „Waarüm büst du denn so in´t Suus? Dat maakst du anners doch nich." Günther wull dat nu doch genauer wöten. „Anners hebb ik ok ja en Dag länger Tied. Nu mööt ik moorn aver al froh na d´ Frisör. Denn will ik anschließend gliek inkopen. Moorn avend mööt wi doch up Helmuths Geburtsdag." Mehr in Stohnen drunk se ehr Tee.

„Denn gifft dat moorn ok ja kien Tee un kien Middag." „Ik schluut Broodschapp nich af. Du kannst di aver noch Sopp heet maken. Ik kook genoog." Hiltrud schüddelkopp. Wat Günther immer för Nood üm sien Mohltieden harr. So weer se al weer in ehr Schloopkamer verschwunnen.

As nächst wurr in de best Stuuv Stoff wischt, Fensterbank afwischt un de Huulbessen schwungen. Nu kunn Hiltrud noch en Ruum afhaken. Daar bruuk se bloot all veerteihn Daag bit dree Week grünnelk döör. Dat weer ehr Kiekstuuv un se seten daar bloot mit besünner Visit un an Festen. Weer Middag wurden un Günther wull Eten hebben. „Ik bün sofort sowiet. Noch graad Tuffels koken."

In dat Sett weer noch graad dat lütt Klo ünnern dran. Planung weer allens. Tüüg flatter al an Lien. Hiltrud weer stolt up sik.

„Günther, Bohnensopp is klaar!" Sogaar en Joghurt harr Hiltrud vör Dag zaubert. Se leten sik dat Mohl good schmecken. Günther harr sien letzten Biet noch nich döör d´ Hals, do weer he al up d´ Weg in Middagstünnen. Natürlich in Fernsehstuuv up Sofa! Man daar wull Hiltrud doch as nächst rein maken. Un nu? Nu leeg Günther daar! „Leeg du dien Benen ok man eben hoch. Dat deit di good!" Na´t Köken uprümen sett Hiltrud sik ok in ehr Sessel. Dat düür kien twee Minüten un de beiden schnurken tegennanner an.

Sowat tegen halv dree gung de Stuvendöör open: „Wat is hier denn los? Schlummerstunde? Jo harr man klauen kunnt!" In d´ Döör stunn Gesa, ehr Dochter. „Ji harren de Achterdöör in Hängen open stohn laten. Mama, un dien Wasch hebb ik ok al rett. Dat regent jung Hunnen." Nu kemen Hiltrud un Günther in Fohrt. Se harren nix mitkregen. „Beduurt jo man eben. Ik sett al maal Teewater up." De Wasch weer al bolt tosamen leggt as de beid Schloopmützen upstunnen. De Beddbezüüg mussen noch laken werden. Dat Tüüg weer all dröög weiht.

„Waarüm steiht de Bessen un de Huulbessen hier denn rüm?" „Ik bün an rein maken! Dat mööt ok noch klaar vandaag. Moorn mööt ik

46

up Tied na d´ Hoorschnieder to Dauerwelle. Moorn fiert Helmuth sien Geburtsdag un mien Coronamähne mööt daar bidaal." klär Hiltrud Gesa up. „Kien Angst! Blot mit uns. Dat wurd kien Volksauflauf. Mimi maakt eerst wat to eten un denn sitt wi noch gemütelk binanner. De sörgt sik ok üm ehr Gesundheit." In disse Tieden weer dat nich so eenfach mit de Geburtsdagsfieren.

Anner Moorn seet Hiltrud al up Tied bi de Hoorschnieder to Krullers maken. Dat schlimmste weer, dat de olle Schnutenpulli immer in´t Gesicht blieven muss. Glieks wurren ehr mit angenehm warm Water de Hoor wuschen, schneden un up veel lütt Wicklers dreiht. Mit en Froolüüjournaal seet se denn ünner de Hoordröger.

Wat daar all in stund. All de Stars un Sternchen mit ehr mooi Kleer un lütt un groot Problemen. Se schüddelkopp. Wat de all vör Sörgen harren. Se schullen blied ween, wenn se mooi in d´ Warmtde sitten kunnen, gesund weren un denn dat daar ok noch so mooi weer. Jo un satt to eten un drinken harren. Hiltrud seeg sik in Marbella an Jachthafen sitten un döör de

47

Altstadt flaneeren. Se wull sik en Koffie setten laten. De Röök truck ehr al in Nöös. De Boutiquen locken ok. Un denn dat mooi warm Weer. Se spür de warm Sünn un Wind recht. Se föhl sik so recht woll. Hiltrud de en depen Sücht. So kunn dat blieven. Daar wurr se anspraken. Hiltrud verschruck sik recht. Well keen ehr hier in Spanien denn?

Se maak de Ogen open. Se seet immer noch bi d´ Friseur, aver de Dröger weer klaar. Nu mussen ehr Haar weer wuschen werden. Se weer in Schloop kamen un harr so en mojen Droom van de Mojen un Rieken hat. Hiltrud schüddel sik. Dat weer ehr noch nie passeerd.

Bi´t Inkopen weer se immer noch rein wat verbiestert un muss sik düchtig tohoop rieten. In Huus murk se, dat se de Hälft van de Waren vergeten harr. Aver noch maal los wull se ok nich. Avends gung dat na Mimi un Helmuth. Se harren en gemütelken Avend. Hiltrud vertell van ehr Droom un broch daarmit all to´n lachen. Se weren sik enig, en Droom kunn ok ja in Erfüllung gohn. Eerst mussen se aver bi Huus blieven un ehr Arbeid doon.

Wat Buur nich kennt

Tanja dusch ehr Twengels, un denn wull se Fröhstück up Disch maken. Eier muss se ok koken. De harren Nadja un Oliver sik wünscht. Bernd, de Papa, weer ünnerwegs to Brötkers holen. En lütten Inkoopszedel harr he ok mit.

He keem bepackt weer mit Brötkers, Obst, Uplaag, Kääs. Man wat weer dat? Wat harr he daar mitbrocht? „Bernd, wat is dat? Wat hest du daar weer anschleept? Dat köst blot all Geld extra, wat wi nich hebbt." Tanja fauch Bernd gliek van Siet an. Bevöör he antwoorden kunn, kemen de Kinner: „Wi hebbt Hunger! Gifft nu Fröhstück?" „Jo, kaamt graad. Ik hebb Brötkers mitbrocht un ji hebbt Eier kookt. Willt ji Kakao? Mama un ik drinkt Koffie."

So weer tomaal Ruh inkehrt. De lütt Familie leet sik dat schmecken. För de Twengels wurr en Brötker deelt. Se mussen eerst ehr Ei eten, denn kregen se daar Schokoladencreem up. Eenmaal harren de beid lütt Schlüngels doch glatt versöcht mit en Soppenschleev in dat Glas to kamen. De Öpnung weer aver to eng.

49

Tanja weer still an d´ Fröhstücksdisch. Anners weer se blied an vertellen: „Mama, büst du krank? Du seggst ja gar nix." Sogaar Nadja fullt dat up. „Laat Mama man tofree. De hett Kopppien. Dat wurd weer beter!" Un wenn Bernd nu ehr Ogenupschlag sehn harr, weer he so van d´ Stohl kippt. Scheel keem in de best Familien vör.

Up Rücktour van´t Inkopen hullt Grete bi ehr Jung un Schwegerdochter an. „Oma, Oma, musst nich so luut ween. Mama hett Kopppien." empfungen de beid Lütten ehr. „Denn will ik man eben na Mama kieken."

„Fraag du mien Moder man, wat du daar mit maken kannst. Schallst man sehn, dat is lecker!" Bernd wuss sik to helpen. „Schnackt ji van mi?" „Oh! Di hebbt woll de Ohren klungen. Ik hebb Rhabarber köfft un Tanja kann daar nix mit anfangen." Bernd freu sik, dat sien Mama daar weer.

„Ja, Bernd hett dat eenfach mitbrocht. Ik hebb dat noch nie kookt oder eten. Ik weer düll." „Dat weren dien Kopppien! Ik hebb en Idee. Wi backt en Rhabarberkook. Du backst doch immer so en leckern Kirschstreuselkook. Waar hest du dat Rezept? Dat nehmt wi. Eerst mööt wi de Stangen aver schillen un up Stücken schnieden." Mitnanner röhren se de Deeg an un belegen de mit Rhabarber un Rosinen. „Nu verraad ik di noch en Trick. Bestreei dat Rhabarber mit en paar Lepel Speisestärke, denn suppt dat nich so döör un wurd matschig." Flink weer de Kook in Ovend.

„Ik hebb mi nich wunnert, dat Bernd Rhabarber köfft hett. Dat eet he al as Kind so geern. He keem faken mit en Stang ut Tuun un dat is so suur. Keenst du dat nich van Huus ut? Geev dat bi jo nich?" froog Grete ehr Schwegerdochter. „Nee, dat kenn ik nich un hebb dat ok noch nie sehn." „Ik kook daar ok Pudding van un denn mit Vanillestipp oder Rhabarbersopp mit Kaneelstangen un Eisneeiklütjes daar up." verraad Grete Tanja. „Danke! Denn musst du mi de Rezepten maal verraden. Bernd freut sik bestimmt."

Namiddags geev dat Rhabarberkook bi d´ Tee. Sogaar Schlagrohm harr sik noch funnen. „Dat schmeckt mi lecker! So mooi sürelk. De back ik noch weer. Bernd, ik mööt mi bi di entschülligen för mien Verhollen. Aver wat de

Buur nich kennt, dat frett he nich. Du hest mi wat beters belehrt." Sogaar Nadja un Oliver muchen de neei Kook geern.

Tanja bedank sik bi ehr Schwegermoder van Harten. Wat so Omas all wööt!

Kuscheldeerten

„Moin Frieda! Hest du di en nejen Reisekuffer köfft?" lach Angela. De beid Froolüü drepen bi't Inkopen upnanner. „Jo, de is för uns lütt Luisa. Se wurd token Week en Johr. Se schluurt nu ja al immer mit ehr Aant rüm. De mööt nahst bestimmt överall mit hen un ok ehr Nulli."

Dat schull sik woll nich mehr ännern. Dat harr dat fröher al geven. Jeden Kind harr sien Kuscheldeert oder anners en Ding, wat he bruuk to schlopen. Frieda vertell: „Uns Andreas schluur immer mit sien Duffy rüm. Dat weer ursprünglich maal en Donald Duck. Toletzt harr de blot noch en Kopp un en Mors. All anner weer Hals. Wi harren al Nood, dat he ohn Duffy nich in School wull.

Andreas hett denn aver insehn, dat Duffy bi Huus blieven muss. Irgendwenner drüff he ok nich mehr ut sien Zimmer ruut. Blot, wenn he irgendwaar schlopen wull, muss Duffy mit. Dat weer eerst good, at he up Konfirmandenfohrt gohn is. De Blöße wull he sik vör sien Kumpels woll nich geven."

„Du, dat weer bi uns Claudia nich anners. Se harr so en ollen Teddy, ehr Budy. De schleep bi ehr un an en Ohr schluur se de immer achter sik an. Dat anner Ohr nuckel se in Schloop up. De segen beid so afgrepen ut. Wo faken hebb ik de neei Ohren naiht. Dat weer aver egaal.

Ik kann mi besinnen, dat se maal nachts düchtig speet harr. Dat schlimmst weer, dat Budy wat afkregen harr. Do hebb ik nachts stohn un Budy wuschen, nadem, dat ik Claudia van ünnern bit boven ümtrucken harr. Se leeg nu bi ehr Vader in Bedd. Budy muss eerst düchtig schleudern, dat de enigermaten dröög weer. Un ehr Bedd muss ok noch frisch betrucken werden.

Do hör ik ut Schloopstuuv: „Angela, kaam graad! Se hett noch weer speeit. Un dat mi midden in´t Gesicht.“ Nu kunn ik van vörn anfangen, dach ik. Claudia harr aver good drapen. In´t Bedd weer aver nix kamen un Klaus kunn sik sülfst waschen un ümtrecken. Ik hebb sekerheitshalber denn en Baadhandook mitnohmen un Claudia bi mi schlopen laten. Wat meenst, wat Klaus sik ekelt hett.“„Tja, dat kummt daar all bi vör.

Jochen nehm ok immer rietut, wenn uns Kinner spejen mussen.

Ik wööt van mien Arbeitskollegin, dat de lang en Küssen harr, wat se överall mit hen schluur. Of dat nu in Urlaub oder in Krankenhuus oder up Deenstreisen weer. Ehr Küssen keem mit. Se begründ dat daar mit, dat se utwärts ehr egen Röök bruuk. Of se dat noch hett, wööt ik nich."

„Tja, so is dat mit de Deerten. Nu schall Luisa en Kuffer kriegen. Daar kann ehr Aant un ehr Nulli denn in." Frieda freu sik nu al up Luisas Gesicht. „Ik will graad up Huus an. Daar luurt mien Kuscheldeert seker al." Nu weer dat an Angela, komisch to kieken. Denn tipp se sik an d´ Bregen. „Jo, bi mi sitt ok en, de up Eten luurt." antwoord se lachend. „Bit anner Maal. Wi seegt uns!"

Ok dat noch…

Heinerk un Karin kemen ut Tuun. Se weren beid düchtig verschweet un schiddig. „Ik bööt noch eben de Grill an. Denn kannst du eerst duschen." meen Heinerk. Karin freu sik al up de frisch Waterstrohlen. „Ik maak gliek noch graad en beten Salaad, Poggenstöhl un Brötkers hebb ik ok noch." Dat wurr en smakelk Mahl to de Steaks un Wurst.

Se verschwund ünner de Bruus. Daar dreih Karin an de Mischer för dat warm Water. Dat wurr aver nich warmer. Hmm? Wo keem dat? Daar laat Heinerk man eerst na kieken. Se wusch sik graad un dröög sik af. Dat keem ehr doch all wat komisch vör.

Denn verschwund Heinerk ünner d´ Pump. Karin sörg för dat leiblich Wohl. Se schnippel en Salaad binanner. Ehr Gedanken kreisen üm de Heizung. De weer ja al lang grootjohrig. Wo dat nu muss?

Dürr man eben un Heinerk keem weer. „Je länger dat Water löppt, je koller wurd dat. Is de Heizung nu ganz in Mors? Denn wurd dat en düren Spaaß. Laat uns man eben bit Maandag töben, wat he denn maakt."

Mitnanner leten se sik ehr verdeent Mahl schmecken. Aver de Heizung gung ehr nich ut Kopp. „Hörst du, wo de Heizung rödelt? De maakt so en Skandaal. Dat kann nich good ween. Ik glööv, wi roopt Maandag denn Heizungskerl an. So hebb ik daar Nood bi. Ok Sönndags harren se kien Ruh van ehr Heizung. He maak immer weer Skandaal. Maandag moorn gliek reep Heinerk bi de Heizungsfirma an. „De kaamt vandaag noch her." De beiden weren blied. So´n beten in Waschbecken affudeln mit Water ut Waterkedel weer nich na ehr Nöös.

„Tja," runzel de Heizungskerl de Bregen, „ik hebb de nakeken. De Pump is hen. Un dat is so en ollen Student. Egentlik lohnt sik dat nich würgelk." Karin un Heinerk harren daar al bolt mit rekent. „Wat köst uns dat Vergnögen denn? Kannst du uns nich en Köstenvöranschlag maken?" Heinerk dach an sien Finanzen.

„Aver wi köönt doch nich ohn heet Water ween! Kanst du dat denn wenigstens sowiet heel maken." Dat vergangen Wekenenn harr Karin al reicht. Denn mark man eerst wo faken man warm Water bruuk. „Jo, dat maak ik jo sowiet torecht, dat ji duschen köönt. Aver veel mehr geiht nich mehr. Ik kiek mi dat gliek genauer an un reken dat in Huus eben döör. Denn schick ik jo en Angebot."

„Dat wurd bestimmt en düür Vergnögen!" weren de beid sik enig as de Heizungskerl weg weer. Na en unruhigen Middagstünnen meen Karin: „Mööt wi de Heizung unbedingt bi disse Firma kopen? Dat gifft doch noch mehr. Laat uns noch bi twee annern nafragen, of de uns ok en Angebot maakt. Laat uns de doch eben anropen." Heinerk weer eerst nich so andoon, stimm denn aver to. Viellicht köönt wi so ja noch Geld sparen. Hier gifft ja noch mehr Firmen. Wullt du anropen?" Dat weer maal weer typisch. Telefoneeren much he nich. Karin bestell för anner Dag twee Heizungsbouers her. De en vörmiddags un de anner namiddags. De schullen ehr ehr Angebote ok toschicken. Denn wullen se in Ruh kieken.

Binnen en Week harren se ehr Angeboten up Disch. De en Firma sorteeren se al glieks ut. De weer veelst to düür. De anner beiden denen sik nich veel. „Laat uns man bi uns oll Firma blieven. Viellicht laat de noch mit sik reden. Wi sünd ja old Stammkunden!" Mitnanner gungen se anner Dag hen to Heizung bestellen. „Ja, so en paar Prozent kann ik aflaten. Ik hebb dat al knapp kalkuleert." „Good, du kriggst de Updragg. Wenner kannst du anfangen?" Karin wull nu Nagels mit Köpp maken. „So flink scheet de Preussen nich. Dat schall woll noch veer Week düren. Eerst sünd anner Anlagen an Tour."

Daar keen de Heizungsbouer Karin aver schlecht. „Klappt dat token Week? Anners mööt wi uns na en Annern ümkieken." De Heizungskerl blöder mit rood Ohren in sien Kalenner. Dat harr he nich erwart. „Wo sütt dat Fredag ut? Wi kaamt denn üm Middag her." Dat pass ehr good. Waarüm harren se hüm denn eerst Pistoll up d´ Börst setten musst. So leep dat denn mooi mit.

Twee flietig Fachlüü kemen pünktlich Fredag middag. Üm Avendbroodtied leep ehr neei Heizung. De beid jung Lüü hebbt sik düchtig quälen musst. He muss ja van boven daal. De oll Ovend weer ganz mooi schwaar. Erinnerungen wurren waak. „Wat hebbt wi uns quälen musst, as de rinkamen is. Nu mööt wi hüm weer ruutquälen. Un wenn ik denn an dat Gereed van de Lüü denk. Wi harren doch Gasheizung kregen." Karin lach: „Jo, en hett Heinerk vertellt, dat bi uns nix passeeren kunn. De Heizungsovend stunn ja boven up Böön. Bi uns kunn höchstens dat Dack weg flegen. Daar hebbt wi uns veel Johren över amüseert.

Nu mööt de neei Heizung eerst weer veel Johren sien Deensten doon.

Ruhestörung

„Ruhestörung? Un dat an frohen Moorn? Hett daar en jung Huusfroo bi´t rein maken Radio vull open dreiht un de Navers passt dat nich?" „Ja, ik wööt dat ok nich, wat de Lüü hebbt." De beid Gendarms Hinrichs un Jürgens amüseern sik daar över.

„Wi mööt aver ja los." meen Klaus Jürgens. He weer de Öllere van de beiden un stüür de Streifenwagen. „Nu kiek di dat an, Heinz! Wat maakt de Keerl daar denn? Is de an Tehnen putzen, hier an Stroot?" „Wat maakt se denn daar?" froog he ok glieks de Mann. „Is´t all rein nu?" „Ik harr gern duscht, statt so en Katzenwäsche, aver dat mööt sik helpen." „Hebbt se kien Tohuus un well sünd se enig? Wiest se uns eerst maal ehr Papieren."

„De sünd in mien Auto. Daar schloop ik upstünds ok in. Mien Fründin hett mi ruut schmeten. Siet dree Daag campier ik hier al vör de Döör. Duschen kann ik up Arbeit. Vandaag is aver ja Saterdag." So geev Julian Grabe hüm sien Utwies. Gendarm Hinrichs överprüüv de. „Nehmt se de man glieks fast.

De haut sien Froo! Güstern Avend weer dat ganz schlimm. Daar boven weer en Gedrüüs! Ik wull ja al gliek anropen. Man Günther, wat mien Mann is, wull dat nich hebben." Nu stund ok noch de neeigierig Froo Förster bi ehr. „Oh, sünd se Froo Förster un hebbt uns anropen?"

„Jo! So geiht dat nich wieder! De arm Froo!" Man kunn recht sehn, wo Julian de Kamm anschwull. „Nu reicht dat aver! Ik weer güstern avend gar nich in Huus! Lena hett mi ruut schmeten!" „Phh!" Froo Förster glööv üm dat nich. „Ik hebb di doch hört. Daar weer doch en Mannlüü – un en Froolüüstimm. So en Keerl as di hebb ik sowieso in d´ Luur. So tätoweert un muskelbepackt as du büst. Un denn dat mien Froominsch daartegen."

Nu grepen de Gendarms aver in. Se wullen de arm Julian nich so utschellen laten. „Hebbt se Herrn Grabe denn sehn, Froo Förster?" froog Gendarm Jürgens na. „Nee, natürlich nich! Ik wull mi doch kien överbraden laten. Denn harr ik ok so en Veilchen hat as he!" Dat kunn Julian glieks klaar stellen: Daar hett Lena mi de Döör vör de Nöös dicht hauen. Un wat se ok nich

62

wööt: Ik bün Sozialarbeiter. Goh ik denn up Minschen los? Ganz bestimmt nich!"

Gendarm Hinrichs harr sien Angaven al all överprüft. „Dat stimmt all wat he seggt. Aver waar weren se güstern avend? Ok hier in Auto?" Julian drucks wat rüm. „Nee, ik weer mit mien Fründ Andreas bi d´ Italiener. Viellicht hebb ik sogaar de Bon noch." So weer he al bi´t Auto. „Hier is de!" Julian weer blied as en Klütje.

„Well hett daar denn so en Skandaal maakt? Nu mööt wi aver kieken, wat mit Lena is! Ik maak mi ok Sörgen bilütten." Tosamen gungen se mit de Gendarms up de Wohnen an. Up´t Pingeln wurr gliek open maakt.

„Julian, wat wullt du? Nu kummst du al mit Gendarms?" „Ik bün blied, dat di dat good geiht. Güstern Avend weer hier so en Skandaal. Waar is de Keerl, de hier bi di is?" Lena weer baff. „Wat för en Keerl?" „Kumm, nu holl up! Daar stoht noch twee Glöös up Disch! Well is hier bi di?" Julian reeg sik nu up. He keen Lena doch.

Tomaal luur de Gendarm up. „Wat is daar boven los? Rauscht daar de Bruus? Daar is doch noch well?" So röön Gendarm Jürgens de Trepp anhoch. Un glieks in d´ Baadkamer rin. Daar stunn en jungen Mann ünner d` Bruus un keek ehr verfehrt tomööt.

„Wat is hier los? Well büst du? Wat wullt du hier?" Julian weer ok al boven.

De Gendarm förder hüm up, sik sofort an to trecken un rünner to kamen.

Hier licht sik de ganz Saak. „Ik bün Mattias Jung." „Ja, un wat wullt du Jüngling hier?" Julian weer immer noch upbrocht. Nu fung Lena stockend an, dat uptoklären. „Mattias hett nix maakt. Ik hebb vör över achtteihn Johr en groten Fehler maakt. Mattias is mien Jung un ik harr hüm to Adoption free geven. Ik weer doch eerst füffteihn, as he geboren is un kunn nich för hüm sörgen."

„Nu bün ik achtteihn, un ik kunn erfohren, well mien recht Moder is. Ik will ehr blot kennenlernen. Dat dat hier to so en Polizeiinsatz kummt, hebb ik nich mit rekent." „Lena, waarüm hest du mi dat nich vertellt? Du wöötst doch, dat ik alleen van Berufs wegen Kinner lieden mach?" Julian weer enttäuscht. Keduck antwoord se: „Ik hebb mi so schaamt."

„So en dumm Tüüg! Du kannt mi doch vertrouen!"

„Un waarüm weer hier nu güstern so en Skandaal?" Froo Förster harr sik allens afluurt. Nu wull se dat aver genau wöten. Lena antwoord för Mattias in Stee: „Dat geiht ehr ja egentlich nix an, aver ik vertell ehr dat trotzdem. Mattias mööt för d´ School en Theaterstück öven. „Denn bölkst du so rüm?" Froo Förster wunner sik blot. „In mien Wohnen maakt wi, wat wi willt."

Julian stunn al de ganz Tied mit Lena in Arm. Se weren blied, dat dat so utgohn weer. Aver Froo Förster harr nu düchtig wat to vertellen.

De beid Gendarms weren dankbaar, dat se so en mojen Insatz hat harren, de ganz anners anfangen harr.

Schölerpraktikum

Andrea seet mit ehr Mama un Papa binanner to vertellen. Se harr ehr tweden Praktikumsdag achter sik. Vör Begeisterung weren ehr Wangen ganz rood. Se hör daar ganz eenfach to dat Praxisteam bi de Doktor. Se weer so blied. Do schloog de Döörpingel an. Well schull dat ween? „Dat is bestimmt Miriam. Wi wullen noch in d´ Stadt." Miriam stund ok vör de Döör. „Wat is denn mit di los? Du süttst ja ut! Kumm eerst maal rin." „Ik hebb kien Lüst mehr in d´ Stadt. De ganz Dag hebb ik in Afstellkamer verbrocht mit putzen. Bi de Friseur hebbt de woll blot up en billigen Putzkraft luurt. Ik harr mi so freut, dat ik seeg, wat in so en Friseursalon passeer, ok dat ik maal en Zeitschrift anlangen drüff oder en Koffie.

Ok bi de Haar binanner fegen kannst ja nich veel bi verkehrt maken. Un wat maakt de mit mi? Schickt mi in en Afstellkammer, dat ik all de Regalen afwischen un uprümen do. Oder seeg ik so afstötend ut, dat man mi nich wiesen dröfft?"

„Dat drööft de gar nich! Papa, segg du doch ok maal wat! Un nich blot „Lehrjahre sind keine Herrenjahre"!" Andrea reeg sik up un bied ehr Vader üm Ünnerstützung, De froog: „Büst du de ganz Tied daar nich ruut kamen?" „Nee, af un to keem en van de annern un hol maal en Handook oder Farv. De muss ik ok tosamen leggen un in dat Regaal sorteeren. De ut Waschmaschin muss ik an Lien hangen. Ik hebb nich maal en Paus hat. Stiekum hebb ik mi maal en Gluck ut mien Waterbuddel nohmen!"

„Sowat geiht nich. Dat is ja bolt utbeuten. Kannst du di vörstellen, bi uns bi d´ Zeitung mit döör to lopen? Wi hebbt dit Johr nümms. Denn roop ik mien Baas an un vertell hüm dat. Blot denn musst du moorns maal froh up oder ok eerst middags anfangen. Je nadem in wecker Afdelen du warkst." „Jo, waarüm nich. All is beter as ganz Dag rein maken. Wat seggt mien Ollen un Mester Lüschen? Daar mööt ik eerst mit schnacken." „Telefoneer du mit dien Lüü, un ik roop mien Baas an."

Miriams Mama wuss nich, wat se daar to hören kreeg. Am leevsten harr se daar glieks

anropen. „Mama, laat dat! Ik kläär dat sülvst."
As nächst reep Miriam ehr Mester an. „Du
weerst doch eerst en Dag hen." „Jo, aver as
billig Putzkraft is ok nich witzig. Ik harr dat
Geföhl, de luren al up so en Dummen. Ik will
mi över de Beruf informeeren. Putzen kann ik
ok in Huus." Dat Miriam sik so wehren de,
keen Herr Lüschen nich van ehr. „Wenn dat bi
de Zeitung klappt, kannst du daar mit
hengohn. Du musst di denn aver gliek
melden." „Ik meld mi." „Dat klappt!" reep
Andreas Papa do al. „Hebbt se dat hört, Herr
Lüschen? De Baas van Andreas Papa will mi
woll övernehmen." „Denn mööt wi aver hen un
bi de Friseur kündigen. Köönt wi uns in en
halben Stünnen drapen?"

Mitnanner gungen de Mester un de Schölerin
denn na de Friseur. „Oh, kaamt ji mitnanner?
Wat kann ik för jo doon?" Katzenfreundlich
weer de Chefin. „Ik kaam moorn nich weer.
Reinmaken un uprümen kann ik ok in Huus
lernen." Miriam see ehr Baas gliek wat los
weer. „Denn hest du dat aver nich good lehrt.
All Handöker hest du döörnanner brocht. De
liggt bi uns immer en roden, en schwarten."
„Dat hett mi nümms seggt. Ik hebb en roden

68

un en schwarten Stapel maakt." Na ja, afwischt hest du ja enigermaten. Man well maakt nu de Regalen in Laden?"

„Kiek! Genau dat is de Grund, waarüm se nich weer kummt. Se söökt blot billig Putzkräfte! De Schölers willt wöten, wat in de Beruf all lehrt wurd. Un se kriegt bi uns in School en Vermerk, dat se kien Praktikanten mehr kriegt, Of ik bi d´ Handwarkskamer anroop wööt ik noch nich. Kumm Miriam." Mester Lüschen harr genoog hört. „Ik hebb di dat nich so recht glöövt. Aver schlimmer geiht dat bolt nich."

„Denn mööt ik nu blot noch mit Andreas Papa na sien Baas hen. De will mi ja woll en Praktikumsstee geven." Miriam weer blied, dat dat so afgohn weer. „Wi mööt daar mitnanner hen. Ik hebb de Verantwortung. Wenner köönt wi daar hen kamen?" Graad wurr dat afklärt. Reiner keem gliek in d´ Stadt, so dat se na de neei Stee gohn kunnen. Bi de Zeitung wurren se frünnelk empfangen. „Reiner, du hest doch ganz kien Schicht?" Sien Kollegin wunner sik. „Nee, ik wull eben kieken of ji woll arbeiten, wenn ik nich daar bün." antwoord he lachend. „Wi willt na d´ Baas. He wööt, dat wi kaamt."

Wat weer daar en frünnelken Ümgang mitnanner. De Vörzimmerdaam wuss al Bescheed, dat se kemen. „Moin Reiner! Chef luurt al up jo!" „Ik hoop, wi kaamt nich ungelegen?" Herr Lüschen froog nu vörsichtig na. „Nee, he hett seggt, dat daar noch en Praktikantin mit Reiner keem. Dat büst du ja seker. Ik bün Claudia un du?" „Ik bün Miriam un hoop, dat ik hier en Stee find." Wat weer de nett.

„Moin Reiner! Well bringst du uns denn?" „Dat is Miriam un ehr Mester, Herr Lüschen. Miriam hett so recht Pech hat. Mit ehr Praktikumsstee. Aver se kann ok sülvst vertellen." Reiner keek ehr upmunternd an. „Jo ik bün van moorns mien Praktikumsstee bi d´ Friseur antreden. Daar harr ik mi düchtig up freut. Ik mach woll Kontakt mit Minschen. Wichtig weer mi, dat ik seeg wat daar all so passeer.

Blot as ik daar keem, wurr ik glieks in Afstellkamer stoken to Regalen putzen un uprümen. Ik hebb nix tegen sückse Arbeit, aver nich sess Stünnen ohne Paus in Afstellkamer. Daar kreeg ik ja nix van de Friseurberuf mit." „Well weer dat denn. De hett

70

ja de ganze Innung blameert." Miriam wink af. „Herr Lüschen hett ehr al sien Menung un ok de Konsequenzen daar van seggt."

„Reiner, mark di dat eben vör. Wenn de Praktikumstied afschloten is, köönt wi woll en groten Zeitungsbericht maken. Viellicht willt dien Klassenkameraden denn ok ehrlich vertellen. Denn markt de Firmen, at de Öpentlichkeit daar en Oog up hett. So wat geiht nich. Un nu wullst du bi uns rin schnüstern?" sprook de Baas ehr weer an. „Jo, daar hett Reiner mi up brocht. Dat geev ja nich veel Utwohl. Un rinschnuppern kann nich verkehrt ween."

„Denn kumm moorn man up Tied her, dat du ok veel mitkriggst. Dat beschnackst du mit Reiner. He wiest di ok de Afdelen to. Du büst immer maal weer waar anners. So lehrst du ganz veel kennen. Herr Lüschen, de Papierkraam maakt se denn mit mien Sekretärin. Dat langt aver de nächst Daag. Miriam, ik freu mi up di! Nu will ik di de Bedrief noch eben wiesen." Mitnanner gungen se van Afdelen to Afdelen. Dat weer spannend.

„Wat hest du för en Glück hat, dat du so en netten Bekannten hest." Herr Lüschen freu sik för ehr. „Ik freu mi, dat ik nich mehr in de Friseursalon mööt. Dankeschön för de Ünnerstützung."

Disse Geschicht is sowat füffteihn Johr her. Sietdem arbeit Miriam blied in de Beruf as Mediengestalterin, waar se doch up sückse Ümwege bikamen is. Över de Friseurberuf hett se nie weer nadacht. Aver de Salon hett doch bolt en neei Leitung kregen.

Schreck laat na!

Doris keem mit ehr lütten Malte ut de Supermarkt. Se weren na de Kinnergaarn noch graad inkopen fohren. Blot wat weer dat? Nu regen dat jung Hunnen! Doris schuul eerst en Moment ünner dat Vördack. Blot glieks keem Marlies na Huus.

Also, Benen ünner d´ Arms un na´t Auto. Man good, dat se en Kombi fohr un ünner de Heckklappe schulen kunn. Doris sett Malte up de Ladefläche, dat he nich natt wurr. Denn stell se graad ehr Waren in´t Auto. Nu noch de Inkoopswagen wegbringen.

Puh, natt as en Katt seet se denn weer achter d´ Stüür un fohr van de Parkplatz. De Schiebenwischers kunnen d´r bolt nich tegen. So goot dat immer noch. Rundherüm beschlogen de Schieben. So maak dat Auto fohren kien Spaaß. Nu sprung ok noch de Ampel up rood. Un se harr dat doch drock. Ehr Kinner wullen Eten hebben.

Van middag schull dat en Brötker geven un van avend Suurkohl mit Kasseler un Tuffelbree. Se freu sik daar al up, am mesten up de Auflauf moorn. Man wat weer dat? Well grins ehr daar in de Rückspegel tomööt? Malte!! Se harr hüm achtern in Auto vergeten. Oh, nee! Blot wegen de olle Regen. He föhl sik schienbaar woll. Doris fohr vörsichtig in de nächste Infohrt un sett ehr lütten Keerlke in sien Kinnersitz.

Wat harr daar all passeeren kunnt, wenn se unverhofft bremsen musst harr oder wenn ehr Taschen ümkippt weren. Daar harr he ünner befallen kunnt. Oder wenn de Gendarms ehr erwischt harren! Wenn dat Rainer erfohr! De würr utflippen. Doris drück Malte besünners düchtig an sik. Ehr fullt so en groten Flint van 't Hart.

Bi Huus pack se ehr Auto ut. As Marlies keem, weer dat eerst, wat denn Lütten stolt vertell: „Ik bün in Kofferruum mitfohren. Dat weer good. Ik kunn wiet kieken un kunn rüm krabbeln." Marlies wunner sik. „Mama, dröfft man dat? Dat will ik ok! Denn kann Barry daar ok bi mi sitten." Barry weer ehr lütten Hund.

Doris harr sik graad dröög Tüüg antrucken un en heten Kakao un Tee för sik maakt. Nu seten se an Middagsdisch bi ehr Brötkers. „Nee, mien Deern! Dat dröfft man nich. Ik harr Malte daar in sett, weil dat so regen. Un do is he daar in sitten bleven. Aver nich lang, do is he in sien Kinnersitz kamen."

Avends bi´t Eten mit Papa Rainer fullt Malte sien besünner Fohrt ok weer in. „Papa, ik bün in Kofferruum mitfohren. Mama hett mi daar vergeten!" Dat he ok immer glieks allens so genau naseggen muss. Doris steeg rood Klöör in´t Gesicht. Se stotter: „Dat regen so. Ik hebb hüm to schulen achtern rinsett un do de Klapp dicht hauen. Weer blot hunnert Meter, aver wat meenst, wat ik mi verfehrt hebb, as he mi in Spegel ankeek."

„Reeg di man nich so up. He harr ok wat seggen kunnt. Du harrst ok doch seker en natten Moors." Se wurr glieks beruhigt. Aver er Lütten vertell noch lang, dat sien Mama hüm in Kofferruum vergeten harr. Wenn se nich uppassen, klung dat, as wenn he insperrt wurr. Nich dat se noch Besöök van´t Amt kregen. Kinner kunnen al wat anrichten.

Doris schull aver woll nich weer passeeren, dat se ehr Kinner achtern in Auto sett.

Mit Rollator bi´t Padd

Anni Wigands harr sik de good Faltencreme ut Apotheek holt. Vör de Döör stund ehr Rollator. Mit´t Lopen weer dat nich mehr so veel. Dat Stee weer nu aver los! Waar weer de Rollator? Se keek üm sik to. Daar achtern! Daar leep en jungen Mann mit ehr Rollator. Oh, man good, dat se ehr Handtasch mit Knipp mit rin nohmen harr.

Froo Wigands schloog Alarm. De Apothekerske reep de Gendarms: „Kaamt se graad na de Apotheek an Markt. Hier wurr en Rollator klaut." Se nöög de old Froo sik hen to setten. Ehr bang, dat se ehr ümkipp vör Upregung.

Daar weren al de Gendarms. „En Keerl hett mi mien Rollator klaut. Ik harr hüm hier buten vör de Döör afstellt un blot mien Creme köfft. Nu schufft de Keerl daar achtern daar mit weg." Se beruhigen ehr un fohren de Keerl na.

Dürr man en Moment un se weren bi hüm. „De Rollator hört ehr doch nich oder?" De Mann weer höchstens dartig Johr old. Blot sien Lopen weer man wat unseker. Schull he krank ween oder schlimmen Döörst hat hebben? Do schloog ehr en gewaltigen Faahn tomööt. De Mann harr dat stur to antwoorden. Sien Tung wull nich so as he woll wull.

Do kreeg he aver doch ruut, dat he Matthias Janzen heet. „Ik will mien Elfi na Huus bringen. De kann hier mooi up sitten." De Gendarms grinsen sik en. „Du hest wat deep in't Glas keken. Du fohrst nu mit uns. Wi hebbt en mooi blausülver Auto."

„Ik mööt Elfi aver doch na Huus bringen." wehr he sik. „Waar is Elfi denn?" Elfi luurt bi d´ Hüpkepütt up mi." He kreeg dat bolt nich ruut. „Ja, denn holt wi dien Elfi ok noch." „Sien Fründin geiht dat bestimmt nich beter as hüm." weren sik de Gendarms enig.

„Eerst bringt wi aver de Rollator torügg!" „Daar kann Elfi doch so mooi up sitten."

„Nix! De öller Daam bruukt de, un ji hebbt sopen! Dat ji nich lopen köönt, hebbt ji sülvst schuld." So langsaam wurden de beid Beamten ungedüllig.

Bi de Apotheek seet de Froo Wigands to luren. Se empfung de dree futernd: „Wo köönt se woll en old Minsch de Rollator wegnehmen. Ik kunn hier nich van d´ Stee." De Gendarms hullen ehr torügg. "He wuss nich, wat he de! Nu willt wi sien Fründin insammeln. Denn werd se bi uns inquartiert."

Mitnanner torkeln se up de Hüpkepütt an. De beid Gendarms kunnen Matthias Janzen bolt nich hollen. „ Waar is dien Elfi nu denn? Hier is kien Froominsch!" froog de en Gendarm vergrellt. "Elfi! Elfi!" reep Matthias. Daar keem Elfi an un sprung bi hüm hoch. Elfi weer en spitzgedackelten Schäferhund!

„Ok dat noch! Ik dach, dat weer en Froo. Man good, dat wi de Bulli mit hebbt. Laat uns sehen, dat wi up Wache kaamt." De Gendarms kunnen´t bolt nich faten, wat se daar beleevt harren.

De Froo weer unverletzt un harr ehr Rollator weer un egentlich weren Matthias un sien Elfi ok fit. De harr blot moorn noch en Deert mehr – en Kater.

Hier geiht dat nich mit rechten Dingen to!

„Moin Sofie! Is di dat ok al upfallen? Irgendwat geiht hier nich mit recht Dingen to." Helga weer mit ehr dicken Kater Romeo up Arm bi ehr ankamen. „Nee, bi mi is dat all up Stee. Unkruut wast düchtig un dat Gras ok. De Arbeit geiht uns nich ut."

Sofie wull Helga flink weer los werden. Tuunarbeit reet ja nich af. Helga hullt nich up. „Ik wööt nich well dat deit. Irgendwell klaut mien best Spitzenünnerwasch van d´ Lien. Sogaar de mooi kornblömenblau van mien Dieter. Ik hebb ja de lang dünn Ernst in Verdacht. Wöötst ja woll, de sik achter en Boomstamm versteken kann, ohn dat he sehn wurd.

Oder de Lilli ut anner Huus. De kann sik so düür Spitzenünnerwasch bestimmt nich leisten un will ehr Fründ daar mit imponeeren." „Helga! Nu reicht dat! Hest du dat sehn? Ernst un Lilli köönt di beid bi d´ Gendarms anzeigen, wenn se dat gewohr werd!" Sofie kunn so en Gerach gar nich good af. In Sofie weer aver de

Miss Marple to'n Vörschien kamen. „Ik holl mien Ogen un Ohren open."

Namiddags dreep se al up Lilli. „Hest du eben Tied?" Lilli wunner sik, luur ehr aver to. Se wuss dat Sofie kien Tratschtant weer. „Is di in de letzt Tied wat upfallen. Is di maal Ünnertüüg wegkamen? Helga hett so en paar Naams fallen laten. Ik hebb ehr woll in ehr Schranken wiesen. Aver keenst dat ja woll."

„Wat schall ik denn van Helga klaut hebben? En Bikini! Dat is bi mi ja en Salaadkumm, so en Atombusen as de hett!" reeg Lilli sik up. „Aver vör en ganz Sett is bi mi ok mien Baadanzug verschwunnen. Kann ok ween, dat ik de sülfst verschusselt hebb." „Ja, de hett Helga bestimmt nich, bi dien Tweebacksmors. Ik hebb en Idee. Daar mööt ji mi aver bi helpen."

Nu verafreed Sofie sik mit Lilli, dat se en Wildkamera uphangen wull un genauso schull dat bi Helga. De schullen nachts upteken. Se wullen nachts ehr Reizwäsche buten laten. Sofie wull de Speicherkarten utlesen. Mit ehr Handys fotografeeren se ehr Tüüglien.

80

Nu seten de dree Froolüü up d´ Luur. Blot daar dee sik nix, mehr Daag lang. Sofie kontroleer de Speicherkarten jeden Dag. An de veerte Dag wurr se överrascht. Vörher weren blot maal verscheden Vögels to sehen, denn maal en of anner Muus oder Katteker. Schull an dat klaut Tüüg Blinkeree oder Glitzeree ween hebben? Sowat muchen Heeksters ok lieden. Hmm? Dat weer en Raadsel!

Man do! Ennelk weer wat passeerd. Daar weer wat up de Speicherkaart. Sofie wuss ehr Wunnern kien Enn. Good dat se de Kameras so raffiniert uphangen harren. Sofie nöög ehr beid Navers un vertell ehr: „Ik wööt, well de Deef is!" „Verraad mi de Naam un ik zeig hüm an!" droh Helga. „Kaamt man mit mi. Ik wies jo, waar de dat Tüüg verstoken hett."

De dree Froolüü maken sik up Padd na Naver Ernst. „Wat? Weer Ernst dat doch?" Helga wurr ganz unruhig. „Nu luur doch eben af! Hier hest du dat Taschenlucht. Nu lücht du man eben achter de Bree." Mit trillernd Hannen hullt Helga de Lamp un wat seeg se? „Daar is ja mien Ünnerwasch! Ernst, du Spanner! Mien Tüüg ok noch klauen!"

„Moment!!" Sofie hullt ehr torügg. „Dat weer nich Ernst! Du wullt di wunnern. Ik kann jo dat bewiesen." Sofie harr dat binanner schneden. Daar kunn man genau sehn, wo so en dicken Kater dat Tüüg van Lien holen de un denn weg broch. „Nee! Nee! Nich mien Romeo! Dat glööv ik nich!"

„Well wööt, wat he för en Julia hett!" schmüster Ernst. Sofie harr hüm över de diebische Kater informeert, so dat he sik nich wunner. Mitnanner holen se dat Tüüg ut dat Verschlag.

„Ik wööt, dat Vöss al Schoh binanner holt hebbt. Aver en Kater?" Helga harr sik noch nich beruhigt. Man lehrt nie ut.

Oma as Kinnermaid

Julia un Marek weren bi ehr Oma. Mama un Papa weren mit Opa ünnerwegs. Tegen Teetied wullen se weer in Huus ween. Oma Renate harr sik överleggt mit de Kinner en Appelkook to backen.

„Drööft wi di daar bi helpen? Ik kann al good Deeg röhren!" Julia harr al ganz rood Wangen un weer Füür un Flamm. „Marek holt de Kumm fast. Dat deit he in Huus ok immer." Oma kunn ehr Todaten gar nich so flink binanner kriegen, as dat los gohn schull. „Eerst mööt wi noch Appels schielen. De hett Opa güstern achtern in Tuun upsöcht. Dat maak ik aver lever alleen. Anners schnied ji jo noch in jo Fingers. „Ik kann al good Appels kört schnieden." „Ik ok! Dat hebbt wi al in Kinnergaarn lehrt."

Na good, dach sik Renate. Weren ja nich veel un doon deit lehren. So seten de dree üm Disch to un schielen un schneden Appels. Se wunner sik, wo mooi de Kinner dat al kunnen. Denn röhren se mitnanner de Deeg an un ab in de Ovend.

De Kinner hocken beid daar vör. „Oma, wat rückt de lecker. Wenner eet wi de?" „De gifft dat van namiddag bi d´ Tee. Wat willt ji van middag denn eten? Tuffels mit Fischstäbchen un Spinat oder Melkries un Appelmus?" As ut en Mund keem daar: Melkries! „Ja, denn helpt mi man to Appelmus maken. Dat schmeckt daar lecker bi." Weer harr Oma ehr Enkelkinner beschäftigt. De Appels för en Pott vull Appelmus weren flink torecht.

„Ji köönt nich recht ruut to spelen. Willt wi glieks noch en paar lütt Koken backen? Daar köönt ji mi good to helpen." „Kann ik dat ok?" twiefel Marek. „Jo, du ok! Passt man up. Wi röhrt graad de Deeg an un denn gifft dat leckers." Tüschenin sett Renate de Melkries an un de Appelmus weer ok al gaar. Dat weren mooi rösch Appels. De zerfullen man so.

De Kinner kennen ehr Upgaven: Julia drüff de Deeg röhren un Marek Kumm fast hollen. Oma Renate muss all Todaten afwegen un in Kumm doon. „Oma, wat deist du daar nu denn in de Koken? Dat deit Mama immer in Tuffelpürree." Julia rümpf ehr lütten Nöös.

„Dat is Muskaatnööt. Dat is lecker. Passt man up!

Nu röhr man un denn rullt wi daar Wursten van un schnied daar Dalers af." All de Deegdalers landen up Kokenblick un mit en Gavel drück Marek daar gewötenhaft en Muster in. „Kriegt wi daar ok welk van, Oma? Dat sünd doch ganz veel." Denn lütten Bödel dach glieks weer an sien egen Vördeel. „Maal kieken, wo de jo schmeckt." „Oma, dien Koken sünd doch de Besten!" schmeer Marek ehr Hönig üm´t Muul un keek ehr mit sien groot Ogen an. Dat weer so en richtig lütten Charmeur.

Ruckzuck weer de Deeg verarbeit un backt. „Oma, de schmeckt ja gar nich na Tuffelpürree! De sünd so lecker!" Julia knabber ehr eersten Keks. „Wo schmeckt woll de Appelkook?" „Dat düürt noch. Nu gifft dat eerst maal Middag. De Ries is gaar un de Appelmus ok." De dree leten sik ehr Middagsmahl schmecken. Bi Mama geev dat so wat Leckers selten.

„Oma, wat maakt wi nu? Leest du uns wat vör?" Renate rüüm flink ehr Köken up. „Ji köönt in de Eetstuuv al Teetassen henstellen. Wi goht glieks in Stuuv up Sofa." De beid Kinner decken de Teedisch mooi. Sogaar Kokentellers un Kokengavels vergeten se nich.

Julia un Marek drüffen sik elk en Book utsöken, wat Renate ehr vörlesen wull. Dat weren nahst denn aver fiev Böker. Renate sett sik mit de beid Kinner in Arm ünner d´ Deken up Sofa un lees de beiden wat vör. Dat düür nich lang un en na de anner schleep in. Eerst Marek, denn Julia un toletzt seet Renate mit Brill up Nöös un Kinner in Arm to schlopen. En Bild van Free.

Dat weer na half dree as de dree van ehr Tour torügg kemen. Meike maak sik glieks up Söök na ehr Kinner: „Kiek man in Stuuv. Dien Moder kruppt middags gern ünnert Deken." Opa Heinz wuss, waar se kieken muss. Jo, daar weren se. Meike stunn in Döörrahm un wunk ehr Familie ran. Dat weer so en mooi friedlich Bild. Se nehm ehr Handy, üm dat Bild fast to hollen. Denn strakel se all sinnig över de rosig Wangen. Dat düür en Moment un Julia schloog ehr Ogen open: „Mama, waar kummst du denn her?" Nu wurr Renate ok munter. „Hebb ik ok schlopen?" Marek schleep immer noch. „Marek, upwaken. Middagstünnen is ut." So langsaam keem he ok togang. Meike waak de Schlopers all up.

„Wi wullen woll Tee drinken. Un wat maakt ji? Ji schloopt!" Opa Heinz pass dat nich recht. „Heinz, nu holl up! Tassen luurt al un Kook ok. Ik mööt blot Tee maken. Bit ji sitt, is de ok klaar." Renate stund al un legg de Deken tohoop. De beid lütten hungen ehr Mama un Papa üm Hals: „Wi hebbt mit Oma Kook backt un denn noch Kekse! In de Kekse is dat sülvig Gewürz in as in Tuffelpürree. De schmeckt aver lecker!" vertell Marek. „Un wi hebbt Melkries un Appelmus hat." „Hebbt ji mi wat spaart?" „Nee, Opa, dat weer so lecker. Dat hebbt wi all upeten!"

„Denn willt wi nu de Koken probeeren. Tee is klaar." Dat weer nu ja würgelk fix gohn. „Mama, du hest de Kinner weer blot Sööts geven. Du wöötst doch, se schöölt mehr Vitamine hebben." Meike pass gar nich, dat Renate ehr Enkelkinner so verwehnt harr. „As Oma drööf ik dat. Se harren soveel Spaaß.

Sogaar Appels kört schneden hebbt se mit."
„Mama! Wenn se sik schneden harren!" Nu
wurr Meike eerst upklärt, dat de Kinner dat al
in Kinnergaarn lehrt harren.

„Denn weer dat ja en ereignisrieken Dag för
jo." „Oma hett seggt, dat wi ok en paar van de
lütt Koken mitkriegt. Ji drööft denn ok noch
maal weer mit Opa ünnerwegs."

En mojen Adventskranz

Silke weer an Adventskranz binden. Se dee dat geern. Ditmaal schull he ut verscheden Grööntüügg ween. Bi ehr in Tuun wussen Eiben, Koniferen aver ok Dannen. Se harr sik allens torecht schneden. Denn gung dat glieks flott van Hand.

Bi´t Binden keem Silke in´t Simuleeren. Se bund nu ehr lütten Adventskranz van viellicht dartig Zentimeter Döörmeter. Fröher to ehr Kinnertied bunnen ehr Papa oder ehr Opa de, un de weer düppelt so groot — en häntig Wagenrad.

Daar fung al daar mit an, dat dat Gröön nich överall van de Dannen schneden werden drüff. Am besten van achtern un nich nich vör de Sicht. Daar weer ehr Oma ganz egen up ween. Hat harren se aver jeden Johr en „Wagenrad".

So en schworen Kranz kunn man nich so uphangen. Dat muss good hollen. Ehr Papa oder Opa bunnen to uphangen Droht in Krütz daar över. Dat niveleeren se genau ut, dat de Kranz liek hung. För dat Mooi maken weren denn de Frolüü tostännig.

As eerst plätt Silkes Oma de mooi rood Schleif an dat Ovenröhr. Dat weer al mehr Johren old un keem immer weer in de Wiehnachtskist. Daarmit wurr dat Droht verdeckt. Denn kemen veer Kersenhollers to'n Vörschien. De weren ok al old. Daar sett ehr Mama de rood Kersen in un verdeel de mooi liek tüschen de Schleifen. Uphangen wurr de groot Adventskranz immer an de Haken in Eck över dat Radio. Denn muss de groot Rankblööm, en Spargel, ümtrecken.

Nu kemen noch lütt Flegenpilzen un lütt rood Appels rund in Runnen. Denn fehl blot noch dat Wichtigste: dat Lametta! Dat harr Silkes Oma vergangen Johr bi't Plünnern över en faltend Zeitungsstriep sorteert. Se harren ok al nachhaltig arbeit. Nu glitzer de grode Kranz sien Allerbest. Avends an de 1. Advent keem denn de eerste Keers an un en Adventsleed wurr sungen.

Silke dee en depen Sücht. Se harr en mojen Kinnertied hat un nix missen musst, ok wenn dat nich immer dat Allerneeist geven harr. Mit Mama un Oma un ehr Süsters singen, weer so mooi ween bi Kersenlucht. Denn wurden noch lütt Gedichten oder Geschichten vertellt. Se kuscheln denn mooi binanner vör de warm Oven.

Ünner all disse Gedanken weer Silkes Kranz ok wussen. Se wull hüm up en Plaat leggen, de in de Eetstuuv up dat lütt Schapp stund. So kunn jeder dat Flackern van de Kersen bewunnern.

Silke harr ok in ehr Wiehnachtskist keken. Bi ehr geev dat to de veer rood Kersen ok lütt rood Appels un Flegenpilzen. För en goden Röök kleev se noch Kaneelstangen up. Denn bund se en groten roden Schleif un sett de vörn an.

Nu seeg ehr Kranz bolt so ut as ut ehr Kinnertied. Blot dat Lametta fehl. De Tieden ännern sik aver ja.

Nikolaus besünner Nacht

Nikolaus stund buten vör de Döör un keek in de Sternenhimmel. He weer mit sik tofree. Sien Fohrtüüg för moorn, de Nikolausdag, weer packt. Blot de Körven för de Stutenkerls weren noch los. Daar schull moorn dat Backwark in. Sien Stevels stunnen blank wienert paraat. Ok de rode Mandel hung up Kleerbügel an't Schapp.

Nikolaus keek noch Maal in d' Stall. Daar stunnen Richard un Eckhard, sien beid Rentieren. Egentlik schullen de beid de Slee trecken. Blot buten leeg kien Sneei un denn kunn ok kien Slee glieden.

Nikolaus harr sik dit Johr en Transporter köfft. Wiehnachtsmann un Osterhaas harren mit hüm schullen. He harr sik aver döör sett. Dit schull nu sien eerst Tour werden. He weer upgeregt. Pünktlich maak Nikolaus sik anner Avend up Padd.

Huus bi Huus lever he sien Leckerejen, de Stutenkeerl un ok lütt Geschenken af. In veel Stevels luur noch de Wunschzedel för de Wiehnachtsmann. Ok weren daar Leckerlis för de Rentiere un tüschenin ok för hüm wat to drinken in.

Nikolaus keek up Uhr. He freu sik. He harr al över d´ halv Tour achter sik. Mit Auto weer he veel flinker un he seet mooi warm in sien Führerkabin. Graad suus he Huus bi Huus wieder.

Tomaal fung sien mooi Auto an to ruckeln. Wat weer nu los? Blubb, blubb, blubb! Do stund´t! Hm, dat kunn doch nich kaputt ween? Nikolaus versörg hüm noch maal an to laten. Keem nix! Do harr he en Idee. De Rentiere mussen tüschenin ok wat to freten un supen hebben. Dat Auto harr nix kregen! He muss tanken!

Hunnert Meter hen lüchten de bunt Luchten van en Tankstee. Daar wull Nikolaus sik de Sprit kopen. De junge Mann keek hüm ganz verfehrt an. „Ik geev di all Geld, wat ik in Kass hebb. Aver do mi nix!" He bever an´t ganz Leven. „Jung, wat hest du? Ik will blot en Kanister vull Sprit! Ik bün liggen bleven."

In de Moment fohr mit quietschend Reifen, Martinshorn un Blaulucht up de Tankstee. Twee Gendarms sprungen ut ehr Auto. Nu triller de Nikolaus. Se kemen mit trucken Pistolen rinröönt. „Hände hoch! Was geht hier vor sich?" Nikolaus dee de Hannen hoch. He wuss immer noch nich, wat los weer. „Legen sie diese komische Verkleidung ab! Meinen sie, daß sie so unerkannt eine Tankstelle ausrauben können."

„Ich trage keine Verkleidung! Ich bin der Nikolaus! Mir ist das Benzin ausgegangen und ich wollte einen Kanister mit Benzin kaufen!" „ Das kann ja jeder sagen! Ausweis her. Das werden wir überprüfen." „Nikolaus mit dem Auto!" gnuffel he sik in Baart. Dat düür eben un de Gendarm keem torügg.

„Es stimmt. Da ist ein Lieferwagen auf den Nikolaus zugelassen. Ausserdem ist der Ausweis echt. Sie haben aber vollkommen richtig gehandelt und die Polizei arlamiert." De jung Mann entschüllig sik bi Nikolaus. „Dat kunn ik ja nich wöten, dat du mit Auto ünnerwegens büst! Ik maak di de Kanister vull Sprit, dat du wieder de Kinner blied maken kannst."

Nikolaus weer blied, dat dat so utgohn is. As he in Huus keem, hett he Wiehnachtsmann van de Vördelen, aver ok van de Nadelen vertellt. Ganz seker weer he aver, dat Richard un Eckhard dat Gnadenbrood bi hüm kregen.

Wat weer dat för en Nacht ween!

Wiehnachtspost

Kathrin seet över en Breefbogen. Se wull ehr Patentant Tini to Wiehnachten schrieven un en lütt Paket stüren mit en Klaben un en mooi warm Koppdook. Blot wat schull se schrieven in disse Tieden.

Leev Tant Tini!

Ik hebb mi veel Gedanken maakt, wat ik di schrieven kunn. Bi uns gifft in Moment nix neeis. Wi sünd mit uns Kinner an diskuteeren över ehr Wiehnachtswünsche. Man kann dat bolt nich glöven, wat daar all kummt. De en wünscht sik en Handy, de anner en Playstation, de darte en Kiekkasten för ehr Kinnerstuuv. Daar musst al bolt en Kleinkredit för upnehmen, soveel as dat köst.

Ik kann mi besinnen, dat wi Bauklötze kregen, en Pupp oder en neei Kleed daarför. Mitnanner hebbt wi Deerns en Puppenwagen hat. De Jungs harren Autos oder Lego un dat weer do schlimm düür. Wenn man de Kinner nu Tüüg kopen will, sünd se doch düchtig egen.

Fröher hest du mi Kneeistrümp un Strickjacken un Pullovers strickt. De mussen an, daar wurr ik gar nich na fraagt. Un denn muss mien Süster de ok noch nadragen.

Tieden ännert sik. Nu sitt ik hier un överlegg, wat ik di schrieven kann, un wat maak ik? Ik beklaag mi över dat Jungvolk van vandaag. Wi schullen blied wesen, dat uns Kinner dat so good geiht.

Ik sülvst wünsch mi ja nich so al to veel. Ik wünsch mi blot to Wiehnachten, dat all de Minschen üm mi to glückelk sünd. To Wiehnachten hört man immer blot vertellen, wat dat ween schall oder wat se al großaartigs köfft hebbt. Aver dit is dat, wat ik mi wünsch.

Ik wünsch mi, dat Minschen, de krank sünd, weer gesund werd. Dat sik de Minschen kien Sörgen mehr maken bruukt üm Eten, Ünnerkunft un Warmtde. Ok Gesundheid för uns ganz Sellskupp wünsch ik mi. För mi sülvst wünsch ik mi Leevde un Free för uns all! Daar köönt wi all wat todoon.

Leev Tant Tini, för di en paar mooi Wiehnachtsdaag, laat di de Klaben good schmecken. In dat neei Johr besöök ik di maal weer! In Gesunnigkeit Dien Kathrin

Kathrin lees sik ehr Schrieven noch maal döör. Jo, dat pass to ehr un to dit ungewöhnlich Wiehnachten, wat weer so anners wurr as fröher. So harr se aver en leven Gröötnis an ehr Patentant schickt. Dat Paket schull vandaag noch na d´ Post un daar muss de Breef mit in.

Se harr för sik sülvst ja noch en groten Wunsch un dat weer de, dat se bolt weer lopen kunnen as se wullen un binanner kamen as se wullen. Aver Wünsche dröfft man ja hebben.

Kater!

„Fritzi, wat is denn mit di los?" De schwartwitt Kater leeg daar vör dat Schapp in de Eetstuuv, as Silke daar moorns rin keem. He stund torkelnd up, maunz naar un brook so weer tosamen. „Frank, Frank! Kumm flink! Fritzi is krank! Wi mööt so tomaal na d´ Tierarzt."

Do seeg Silke eerst, waarüm de Kater sik so schofel verholl. He harr van de Weinbrandbohnen freten, de ünner de Wiehnachtsboom legen. Daar legen nu noch Resten up Footbodden. Nu fung dat arm Deert ok noch an to würgen un brook de ganz Pralinen weer ut.

De Tierarzt ünnersöög Fritzi gründlich un geev hüm en paar Sprützen mit Vitaminen un Mineralstoffen. „Nu leggt hüm man mooi in sien Nüst. De schlöppt nu sien Rausch ut." Silke un Frank nehmen ehr schlopend Kater un fohren up Huus an.

Twee Daag later pingel dat an Döör. Wiebke van tegenöver stund daar vör. „Moin mitnanner! Ik wull jo eben en Dankeschön bringen." Se hullt en lütt Paket in Hannen. „Ji hebbt in dat vergangen Johr so faken Paketen för mi annohmen. Eenmaal mööt man ok danke seggen!"

„Kumm graad rin! Ik geev en Glühwien oder Grog ut. Is ja al Avend. Wat machst du?" nöög Silke ehr Naversch. „En Grog drink ik woll. Denn will ik weer na Huus. Mien Familie luurt up mi." Silke maak dree Grog. Frank keem van sülvst, wenn he de rook.

„Wurd hier Grog drunken? Doch woll nich ohn mi? Mooi, dat du in´t oll Johr noch eben rin kickst. Silke, hest du ok noch en Mund vull Skandaal för uns?" Wiebke lach: „Wat is dat denn?" „Keenst du kien Neeijohrskoken? Dat is wat leckers." „Klaar! Blot Mund vull Skandaal hebb ik noch sien Leev nich hört." antwoord se lachend.

Wiebke hett uns Schlickers brocht. De köönt wi man glieks in Schapp packen. Nich dat Fritzi daar weer bi geiht." Silke maak sik immer noch Sörgen üm ehr lütten Kater. „Frett Fritzi Pralinen?" intereseer sik Wiebke daarför. Silke un Frank vertellen nu van Fritzi sien Besäufnis. „Jo, uns arm Kater harr en Kater! Aver van de solten Hergens wull he ok kien, de much he anners so gern. Kunnst di nich van retten."

Wiebke wunner sik: „Hest du dien lecker Hergens inleggt? Dat lohnt sik dit Johr doch gar nich. Silvester drööft wi doch nich fieren. Ik hebb al an Peter seggt, wi köönt man mit uns Sektbuddel ruut gohn un daar de Körken knallen laten. Anners wurd ja gar nich knallt. Dat wurd en eensamen Jahreswessel. Willt ji nich ok ruut kamen?" „Jo, dat köönt wi woll. Aver suur Hergens tegen de Silvesterkater bruukt wi bestimmt nich. De schmeckt lecker to braden Tuffels un dat dat ganz Johr." antwoord Silke.

De Navers drepen sik to Silvester all up Stroot un wünschen sik en beter neei Johr, vör allen Dingen dat se all gesund bleven un dat nächst Silvester wedder blied mitnanner fieren kunnen.

Piep, piep, piep

Susanne harr sik old Koffietassen, Ton-
blömenpött aver ok Dannappels tosamen
söggt. Denn luren daar noch Wiehnachts-
backförms up Disch.

Katja weer glieks bi ehr: „Mama, wat wullt du
denn maken? Wullt du basteln?" „Jo, mien
Kind. Ik wull för de Vögels Fouer torecht
maken. De bruukt nu in Winterdag ok wat. Ik
hebb verscheden Karns mitbrocht: Erdnöten,
Sünnenblömenkarns, en Mischung ut
verscheden Karns un wat besünners för de lütt
Roodjan: Mehlwürms." „Leevt de noch?" „Nee,
de sünd dröögt.

Willt ji beid mi mithelpen? Denn musst du
Saskia ok eben Bescheed geven." Saskia
keem an un bekeek sik, wat ehr Moder daar
vör harr. „Ihh, Mama, wat sünd dat för Würms?
Dat is ja ekelig. Nee, daar bün ik weg! De arm
Vögels!" Dat weer weer typisch Saskia. Wenn
ehr irgendwat nich pass, truck se de Steert in
un weer weg.

„Bliffst du bi mi?" „Jo, waar kann ik mit
anfangen? Schall ik dat Fett al schmülten in de

grode Pott?" Se kunn sik dat good vörstellen, wo dat funktioneer. „Jo, aver langsaam. Ik mööt noch en paar Tacken plücken. De Vögels mööt ja irgendwaar up sitten. De hol ik mi van de groot Hollerbusch."

Denn kemen all de Karns un ok de Mehlwürms na un na in dat heet Fett. Nu mussen se flink arbeiten. As eerst stoken se en längern Twieg in en Tonblömenpott. Nu wurren daar de Karns ümto streken. Dat muss good fast streken werden. „Daar köönt noch en oder twee Twiegen to, dat daar ok mehr at en Vögel an freten kann."

Nu weer daar noch ehr Koffietass. Daar kleev Susanne mit de Kleevpistool en lütten Tack in fast. De Karns harren se warm hollen. De Koffietass wurr ok upfüllt. An de Henkel keem en bunten Schleif to uphangen. Ok de Blömenpott kreeg en Band un wurr in Boom hangen. „Mama, wi wullen doch ok noch Sterns, Harten un Dannenbööm maken. Oder wullst du daar Koken mit backen?" Susanne dach bi sik: Kummst daar doch nich drüm herüm. „Ja, denn mööt wi nochmaal Fett schmülten un Karns inröhren. De lütt

Kokenförms wickelt wi in Alufolie. Anners löppt dat Fett ja ünnern ruut. Nu mööt wi de all randvull maken. De lütt Muffinförms köönt wi ok vull maken." „Mama! Wullst du de Meisenknödels an Boom fast nageln?" Katja weer entsetzt, at se seeg, dat Susanne mit en Handvull dicker Spiekers ut Warkstee ankeem. „Nee, mien Kind", lach se. „De steekt wi daar in. Denn köönt wi, wenn de fast wurren sünd, de Spiekers daar weer ruut luken un daar Bänner döör trecken.

So, un denn hebb ik noch wat in Fernsehen sehn. Dat wull ik woll noch utprobeeren. Ik hebb hier en ollen Koffietass mit Schödel. De kleev ik upnanner fast, so dat de Henkel na boven wiest. Denn kleevt wi daar en Stock in. Nu hebbt wi en lütt Fouerhuus. Daar köönt loos Kaarns in. De mööt woll faker nafüllt werden, aver de wurd so flink nich schidderg."

„Mama, nu kriegt de lütt Piepmätze so richtig satt." „Jo, un wi spaart noch en paar lütt Delen up un hangt de in uns Wiehnachtsboom, wenn de Kugels daar bidaal sünd." „Mama! Denn recycelt wi uns Wiehnachtsboom. Ik freu mi al up all de Vögels." En Paar Daag na Neeijahr keek Tant Minchen maal weer to. Se weer immer willkamen. „Wat hebbt ji veel Fouersteen un so besünnern." „Jo, de hebbt wi sülvst bastelt." vertell Saskia ehr. Susanne knüchel upfallend. „Ja, egentlich Mama un Katja. Mi weer dat nich recht wat to." Tant Minchen keen Saskia al wat beter: „Un nu wullst du di daar mit dickdoon? Saskia, wenner lehrst du dat?" Susanne seet daarbi un dach: good dat ehr anners en dat maal see.

„Moin, Tant Minchen!" Blied keem Katja an. „Na, mien Lütten, wo geiht di dat? Weer de Wiehnachtsmann ok daar?" „Jo, ik hebb veel kregen. Aver wi hebbt ok för de lütt Piepmatzen düchtig bastelt. Un wenn de Wiehnachtsboom plünnert is, stellt wi de buten weer up. Wi hebbt noch lütt Uphangers in Garaag liegen. Daar schmückt wi denn mit." „Oh, wat mooi, denn besöök ik jo weer un bekiek mi dat. Bastelt ji mi ok en Paar? De hang ik mi denn in en Struuk."

Tant Minchen harr Glück. Se kreeg glieks en Paar Fouerstücken mit na Huus. Se freu sik düchtig. De wull se sik in ehr Struuk vör ehr

Stuvenfenster hangen. Denn kunn se de mooi beobachten.

Valentinsdag

Rieko un Fidi seten binanner bi d´ Tee un up d´ Disch harren se dat Sönndagsblatt mit all de Bielagen. Jeden Saterdag Namiddag wurr dat Bladd grünnelk studeert.

„Nu kiek eben hier! Am 14. Februar ist Valentinstag! Denken sie an ihre Liebsten! De hebbt doch en Vögel! Valentinsdag! Kiek di de Pralinenpaketen maal an in rood, gröön, lilo un gold un denn is dat Schokolaa ok noch in Hartenförm!" reeg Fidi sik up. „Dat is doch weer en Erfindung van de Amerikaners, de se uns ok överdreihen willt. All dissen neeimoodschen Schietkraam. Nett so as Halloween in Harvst! Van Martini schnackt nüms mehr!"

Fidi harr sik recht in Raag reed. „Nu holl man up." beruhig Rieko hüm. „De Pralinen bruukst ja nich kopen. De werd sowieso to Hüftgold un sitt daar fast." Rieko hullt wat up sik. Fidi harr al wieder keken in sien Prospekt: „Kiek maal hier: sogaar Koken gifft dat in Hartenförm.

106

schullen de anners schmecken as rund oder eckig? Un dat all wegen Valentinsdag?" Dat wull hüm nich in Kopp.

Rieko lees dat Bladd. „ Hier steiht en Bericht över Valentinsdag. De kummt nich ut Amerika. De gifft dat al siet 1700 Johr. Do leev en heiligen Valentin in Rom. De weer de Schutzpatron för all de, de sik leev harren. He trou ok Paaren na christlichen Ritus, ofwoll Kaiser Claudius II dat verboden harr. Disse Ehen schöölt besünners good hollen hebben. Ut sien Tuun hett he de Paaren immer Blömen schunken. Daarüm werd vandaag noch Blömen verschunken an Valentinsdag. De Kaiser pass dat gar nich recht un leet hüm an en 14. Februar 269 enthaupten. Wat truurig för so en netten Keerl. Dat weren ok brutaal Tieden do!" vertell Rieko.

Fidi wull dat nich recht hören. „Schenk man noch en Tass Tee in. De Lüü koopt doch de düür Schlickerejen un Koken. Backst du uns en mojen Kook? Dat bruukt ok kien Hart ween. Hett ja noch en paar Daag Tied." Rieko schmüster sik en. Fidi wull nu weer good Weer maken. Wenn dat üm Kook gung, weer he eerst Mann.

Tegen Valentinsdag back Rieko en Jägertoort un se kreeg sogaar en Blömenstruuß. Fidi harr de eerst Schneeglöckchen plückt un ehr mit rinbrocht. Nu seeg se, dat he doch en good Hart harr.

Helma Gerjets

wohnt in Hesel Kreis Leer. Die Mutter einer Tochter und Oma unterrichtet im Lesenest in Neukamperfehn. Ihr großes Hobby, das Schreiben zahlreicher plattdeutscher Bücher, macht sie mit großer Freude nebenbei.

Einige Geschichten sind in der Heseler Ortszeitung „Na Sowas" und im „Klosterboten" ihrer alten Heimat Reepsholt erschienen.